Diet & Training

by Ann

1,0X
HUAWEI

książki Burda

Diet & Training by Ann

Anna Lewandowska

SPIS TREŚCI

1. **WPROWADZENIE** 9
2. **POZNAJ SWOJE POTRZEBY** 39
3. **JAK SKOMPONOWAĆ POSIŁKI**
→ **PRZYKŁADOWE JADŁOSPISY** 51

→ DLA OSÓB AKTYWNYCH, TRENING TRZY RAZY W TYGODNIU

1616 **KCAL**

Omlet marchwiowo-kokosowy 54
Korzenny koktajl bananowy 56
Pieczone kotlety z wołowiny z frytkami 56
Frytki warzywne 58
Szarlotkowy pudding chia 59
Spring rollsy z warzywami 61

1765 **KCAL**

Jaglanka z bananem i sosem orzechowym 63
Pasta z oliwek 64
Woda z limonką i miętą 64
Zupa indyjska z rybą 65
Sałatka z kaszą jaglaną 67
Frittata z brokułem 68

1953 **KCAL**

Placuszki kokosowe 70
Wakacyjny koktajl 72
Polędwiczka wieprzowa z pieczarkami, cebulą i grillowanymi warzywami 73
Warzywa grillowane 73
Zupa buraczkowa z quinoą 74
Czerwona kapusta z boczkiem na ciepło 76

2384 KCAL

Jajecznica z boczniakami i pomidorkami koktajlowymi ... 77
Koktajl na ciepło z marchewki ... 78
Kotlety mielone z królika z *purée* chrzanowym ... 79
Purée chrzanowe ... 79
Ogórki kiszone z cebulką ... 80
Krem marchewkowo-pomidorowy z bazylią ... 80
Wrap bezglutenowy ... 82
Dodatki do wrapu ... 82

2960 KCAL

Budyń kakaowy z orzechami ... 84
Zielony koktajl z ananasem ... 87
Spaghetti bolognese z makaronem z cukinii ... 88
Bakalie ... 90
Jajeczne muffiny w szynce ... 90

→ DLA OSÓB AKTYWNYCH, TRENING KAŻDEGO DNIA

1592 KCAL

Szakszuka ... 94
Szparagi ... 94
Koktajl jaglany ... 95
Mus jagodowy ... 96
Stek z tuńczyka ... 96
Sałatka ze szczawiu i botwinki ... 97
Bakalie ... 97
Zielona potrawka ... 98
Kasza jaglana ... 98

1579 KCAL

Wytrawne placuszki z marchewką ... 100
Owsianka cynamonowa ze śliwkami ... 102
Shake białkowy à la piña colada ... 102
Zapiekanka z krewetkami i warzywami ... 104
Sałatka z indykiem ... 106
Makaron z papryką i szpinakiem ... 107

1809 **KCAL**

Jajecznica z jarmużem ... 108
Kokosowo-ananasowy „napój mocy" dla sportowca ... 109
Czerwona owsianka z masłem orzechowym ... 110
Buraczane kopytka ... 111
Woda z truskawkami i miętą ... 111
Bakalie ... 112
Dorsz z pieczonymi warzywami ... 112

1786 **KCAL**

Omlet z boczkiem i pieczarkami ... 114
Owsianka przed treningiem ... 116
Koktajl z awokado i pomarańczy ... 117
Filet z kaczki w marynacie z ryżem ... 118
Ryż z suszonymi pomidorami ... 118
Sałatka z szynką ... 119
Jaglanka z warzywami ... 120

1961 **KCAL**

Pasta z łososia i awokado ... 122
Jaglanka z jabłkiem ... 123
Energetyzujący koktajl ... 124
Polędwiczka wieprzowa ... 126
Kolorowa sałatka ... 127
Lekka koktajlowa moc ... 127
Sałatka z batatami i komosą ... 129

1968 **KCAL**

Omlet z masłem migdałowym ... 130
Koktajl z kiwi ... 131
Proteinowa jaglanka ... 132
Filet z kurczaka z brokułowym *purée* ... 134
Purée brokułowe ... 135
Sałatka z kurczakiem i rukolą ... 136
Frytki z batatów ... 138
Domowy ketchup ... 138

2411 KCAL

Jajecznica z szynką i szczypiorkiem 139
Zastrzyk energii 139
Koktajl bananowy z białkiem 140
Indyk w sosie grzybowym z kaszą jaglaną 142
Kasza jaglana 144
Bakalie 144
Sałatka z kaszą, burakami i natką pietruszki 144

3002 KCAL

Jaja faszerowane suszonymi pomidorami i awokado 145
Jaglanka z musem bananowym 145
Czekoladowo-bananowy koktajl proteinowy 146
Ryż z cytrynowym kurczakiem i brokułowym *purée* 148
Purée brokułowe 149
Bakalie 150
Sałatka z awokado i suszonymi pomidorami 150

4. **TRENING OD PODSTAW** 153
CARDIO 161
WHOLE BODY 169
KARATE CARDIO 183
CHALLENGE 189
BRZUCH I POŚLADKI 195
ZDROWY KRĘGOSŁUP – STRONG CORE 201
STRETCHING 207

5. **MOJA PROPOZYCJA DLA WAS** 215

1

WPROWADZENIE

Jako sportowiec wiem, że odpowiednia podaż makroskładników to podstawa prawidłowego treningu. Jeśli źle dobierzesz ilość węglowodanów, białka oraz tłuszczów, nie uda ci się osiągnąć upragnionych efektów. Aby temu zapobiec, musisz wiedzieć, jaką funkcję pełnią poszczególne składniki odżywcze i które produkty wybierać. Pamiętaj, że różne rodzaje treningu wymagają innego podejścia w doborze makroskładników! Zanim przejdziemy do planów treningowych i jadłospisów, które dla ciebie przygotowałam, konieczna jest odrobina teorii. Doczytaj do końca ☺

Węglowodany pełnią wiele ważnych funkcji w twoim organizmie – najważniejszą jest dostarczenie energii do prawidłowego funkcjonowania wszystkich komórek. Podstawowym **materiałem energetycznym jest oczywiście glukoza**. Jeśli posiłek jest bogaty w węglowodany (szczególnie te **proste**) oraz w **białko** i **tłuszcz**, to do wytworzenia energii będą zużywane najpierw węglowodany. Jeśli ich zabraknie, organizm będzie wykorzystywał kolejno tłuszcze i białka. **Pamiętaj, że jeśli nie zapewnisz odpowiedniej podaży węglowodanów po treningu, organizm zużyje białko mięśniowe do produkcji energii, przez co trudniej będzie ci osiągnąć zamierzone efekty.**

Jakie węglowodany wybierać?

Węglowodany to bardzo duża i różnorodna grupa związków. Obejmuje ona zarówno proste cząsteczki (glukoza, fruktoza, sacharoza), jak i bardzo złożone związki, takie jak skrobia czy błonnik. **Często możemy usłyszeć o „złych" i „dobrych" węglowodanach lub „złych" i „dobrych" cukrach. Czy faktycznie tak jest?** Poruszałam ten temat wiele razy na blogu. O tym, jaki rodzaj węglowodanów jest dla nas odpowiedni, decyduje nasze zapotrzebowanie energetyczne oraz rodzaj i intensywność treningu. Węglowodany proste, zwane cukrami, w krótkim czasie zapewniają zastrzyk energii. **Po cukry sięgaj podczas długiego i intensywnego wysiłku fizycznego, który szybko zużywa rezerwy energetyczne.** Codzienna aktywność fizyczna związana z pracą i domem, szybszy spacer czy niedługi jogging nie zużywają w takim stopniu zapasów glukozy (magazynowanych pod postacią **glikogenu**). **W codziennych sytuacjach i przy umiarkowanej aktywności**

fizycznej lepiej sprawdzą się węglowodany złożone. Ich cechą charakterystyczną jest powolny rozkład na prostsze związki i jednostajne dostarczanie energii. **Dlaczego jest to tak ważne?** Jeśli w twoim organizmie nie ma dużych skoków i spadków glukozy (poziomu cukru we krwi), dłużej będziesz odczuwać energię, sytość i będziesz miała mniejszą ochotę na podjadanie.

Źródła węglowodanów prostych i złożonych

Czas na konkrety. Najważniejszym i najbardziej popularnym **węglowodanem złożonym jest skrobia.** Składa się ona z wielu cząsteczek glukozy uwalnianych podczas procesów trawienia. Produkty bogate w węglowodany złożone to przede wszystkim mąki, chleby, makarony pełnoziarniste, kasze, ryż brązowy, ziemniaki, płatki owsiane oraz nasiona roślin strączkowych. **Pamiętaj, że im bardziej produkt jest przetworzony, tym więcej zawiera węglowodanów prostych. Warto więc wybierać produkty pełnoziarniste, pochodzące z grubego przemiału i mniej oczyszczone (na przykład bogate w łuskę), a omijać szerokim łukiem pszenicę.**

> W swojej kuchni staram się zamieniać chleb i makaron na ryż czy kasze, a czasem strączki. Produkty te nie tylko zawierają węglowodany złożone, ale są również lepszym źródłem błonnika, witamin, składników mineralnych i antyoksydantów!

Na skład węglowodanów może również wpływać obróbka termiczna. **Im więcej węglowodanów prostych, tym wyższy indeks glikemiczny (IG).** Co to oznacza? Indeks glikemiczny określa średni wzrost stężenia glukozy po spożyciu produktu zawierającego 50 g węglowodanów w stosunku do 50 g czystej glukozy. Produkty o wysokim IG szybko ulegają trawieniu i wchłanianiu, co powoduje gwałtowny wzrost, a następnie szybki spadek stężenia glukozy we krwi. **Codzienna dieta powinna być bogata w produkty o niskim IG, a tylko w określonych sytuacjach (zwiększone zapotrzebowanie na energię, na przykład po długotrwałym treningu) powinniśmy spożywać posiłki bogate w cukry proste, czyli te z wysokim IG.** Naturalne i najbardziej polecane źródła cukrów prostych to owoce, soki naturalne i miody. Obok przedstawiam tabelę, która pomoże ci wybierać produkty o odpowiednim dla ciebie IG.

TABELA 1. INDEKS GLIKEMICZNY WYBRANYCH PRODUKTÓW ŻYWNOŚCIOWYCH

Produkt	IG
Jaja	0
Kawa, herbata	0
Owoce morza	0
Ryby	0
Tłuszcz roślinny/zwierzęcy	0
Wołowina	0
Skorupiaki	5
Awokado	10
Cebula	15
Cukinia	15
Czarna porzeczka	15
Fasolka szparagowa	15
Grzyby	15
Imbir	15
Kalafior	15
Kapusta	15
Kiszona kapusta	15
Migdały	15
Ogórek	15
Oliwki	15
Orzechy włoskie, laskowe, nerkowce	15
Orzeszki ziemne (fistaszki)	15
Papryka (czerwona, zielona, żółta)	15
Por	15
Rzodkiew	15
Sałata	15
Seler naciowy	15
Szparagi	15

Produkt	IG
Szpinak	15
Czereśnie	20
Kakao (bez cukru)	20
Truskawki	25
Buraki czerwone surowe	30
Ciecierzyca gotowana	30
Grejpfrut	30
Gruszka	30
Mandarynki	30
Marchew surowa	30
Marmolada (bez cukru)	30
Mleko odtłuszczone w proszku	30
Morele (świeże)	30
Pomidory	30
Soczewica żółta	30
Twaróg odtłuszczony	30
Biała fasola	35
Brzoskwinie	35
Dziki ryż	35
Granat	35
Groszek zielony	35
Jabłka (świeże)	35
Jogurt odtłuszczony	35
Nasiona (siemię lniane, sezam, mak)	35
Nektarynki	35
Pomidory suszone	35
Przecier pomidorowy	35
Chleb z mąki pszennej	40

Produkt	IG
Fasola z puszki	40
Kasza gryczana	40
Makaron z mąki razowej (al dente)	40
Mleko kokosowe	40
Morele suszone	40
Otręby (owsiane i pszenne)	40
Płatki owsiane (niegotowane)	40
Śliwki suszone	40
Spaghetti (al dente)	40
Ananas (świeży)	45
Banany niedojrzałe	45
Chleb żytni (z mąki z pełnego przemiału)	45
Kasza pszenna bulgur	45
Kokos	45
Ryż basmati brązowy	45
Sok grejpfrutowy (świeży, niesłodzony)	45
Sok pomarańczowy (świeży, niesłodzony)	45
Tosty z chleba z mąki pełnej	45
Winogrona (zielone i czerwone)	45
Zielony groszek z puszki (bez cukru)	45
Żurawina (świeża)	45
Bataty	50
Kiwi	50
Makaron z pszenicy durum	50
Mango	50
Muesli (niesłodzone)	50
Ryż basmati	50
Ryż brązowy	50

Produkt	IG
Sok ananasowy (świeży, niesłodzony)	50
Sok jabłkowy (niesłodzony)	50
Sok żurawinowy (niesłodzony)	50
Surimi (paluszki krabowe)	50
Maniok	55
Musztarda (z dodatkiem cukru)	55
Nutella®	55
Papaja (świeża)	55
Spaghetti (ugotowane na miękko)	55
Sushi	55
Banany dojrzałe	60
Jęczmień dmuchany	60
Kakao słodzone/czekolada (ekspresowe)	60
Kasza manna	60
Lody słodzone cukrem	60
Majonez (z dodatkiem cukru)	60
Melon	60
Miód	60
Mleko tłuste	60
Owsianka	60
Pizza	60
Ryż aromatyzowany (np. jaśminowy)	60
Ryż długoziarnisty	60
Ananas z puszki	65
Buraki gotowane	65
Dżem (z dodatkiem cukru)	65
Kukurydza	65
Kuskus	65
Słodkie batony	65

Produkt	IG	Produkt	IG
Muesli (z cukrem/miodem)	65	Rogalik	70
Rodzynki	65	Sucharki	70
Syrop klonowy	65	Ziemniaki gotowane	70
Tamarynda (słodzona)	65	Arbuz	75
Ziemniaki w mundurkach	65	Dynia	75
Amarantus dmuchany	70	Kabaczek	75
Bagietka	70	Bób gotowany	80
Biały ryż	70	Marchew gotowana	80
Biszkopt	70	*Purée* ziemniaczane	80
Brązowy cukier	70	Biała mąka	85
Bułki	70	Napój ryżowy	85
Chipsy	70	Prażona kukurydza	85
Chleb ryżowy	70	Płatki kukurydziane	85
Cukier	70	Rzepa, brukiew (gotowane)	85
Daktyle suszone	70	Seler korzeniowy gotowany	85
Mąka kukurydziana	70	Chleb z białej mąki	90
Makaron z białej mąki	70	Mąka ziemniaczana	90
Melasa	70	Mąka ryżowa	95
Napoje (słodzone)	70	Ziemniaki pieczone	95
Risotto	70	Ziemniaki zasmażane	95

Jak dobrać węglowodany podczas intensywnej aktywności fizycznej?

Z doświadczenia wiem, że osoby uprawiające intensywną aktywność fizyczną powinny zwiększyć ilość węglowodanów w diecie, co nie jest wcale proste... **Jak więc powinno wyglądać ich spożycie w czasie intensywnego treningu? W okresie treningowym ilość spożywanych węglowodanów powinna wynosić średnio 8–10 g na każdy kilogram masy ciała.** W czasie długich i intensywnych treningów na każdą godzinę treningu powinniśmy dostarczyć 30–60 g węglowodanów. **Pamiętaj, że uzupełnienie węglowodanów po treningu jest**

CZY WIESZ, ŻE...
1 g węglowodanów (tych prostych i tych złożonych) to 4 kcal.

równie ważne! Po intensywnym wysiłku, kiedy musimy zregenerować stracone zapasy glikogenu, w pierwszych dwóch godzinach należy dostarczyć 1–1,5 g węglowodanów na kilogram masy ciała. **Podczas treningu wybieraj produkty o wysokim i średnim IG. Część węglowodanów dostarczaj z płynami, na przykład napojami węglowodanowymi, przeznaczonymi w szczególności dla sportowców i osób aktywnych.**

O CZYM WARTO PAMIĘTAĆ?

- Energia pochodząca z węglowodanów powinna stanowić 45–65% codziennego zapotrzebowania.
- Energia pochodząca z cukrów prostych (glukozy, fruktozy, sacharozy) nie powinna przekraczać 10% dziennego zapotrzebowania.
- Wybieraj produkty z niskim IG.
- Ilość węglowodanów potrzebna do zaspokojenia podstawowych potrzeb metabolicznych (szczególnie tych związanych z prawidłową pracą mózgu) to około 130 g dziennie.
- Jeśli stosujesz intensywne treningi, powinnaś zwiększyć ilość węglowodanów w diecie. W trakcie intensywnego treningu oraz po nim możesz sięgnąć po węglowodany z wysokim IG.

Kolejnym ważnym elementem odpowiednio zbilansowanej diety dla aktywnych są tłuszcze! Podczas redukcji masy ciała wiele osób zbyt mocno redukuje ilość spożywanych tłuszczów, co jest poważnym błędem żywieniowym, nie tylko wśród osób trenujących. W konsekwencji przynosi to wiele negatywnych skutków, szczególnie u kobiet.

Tłuszcze, zaraz po węglowodanach, stanowią ważny materiał energetyczny, który może być odkładany również w rezerwach tkanki tłuszczowej. Warto podkreślić, że związki tłuszczowe pełnią różne funkcje w naszym organizmie. Nie są one związane tylko z energetyką naszego organizmu, ale również z odpornością,

regulacją hormonalną czy przemianą białek i węglowodanów. **Pamiętaj, że ilość i rodzaj tłuszczów mają znaczenie.** Najprostszy podział obejmuje trzy rodzaje tłuszczów: tłuszcze nasycone, tłuszcze jednonienasycone oraz tłuszcze wielonienasycone.

Na początek parę słów o tłuszczach nasyconych oraz o oleju kokosowym, którego – jak pewnie wiecie – często używam podczas przygotowywania posiłków.

Tłuszcze nasycone znajdziemy głównie w produktach pochodzenia zwierzęcego, takich jak mleko, masło, smalec oraz czerwone mięso. Ich źródłem jest również popularny olej kokosowy. **Tłuszcze nasycone, szczególnie te pochodzące z produktów zwierzęcych, należy spożywać w jak najmniejszych ilościach.** Podnoszą one bowiem stężenie cholesterolu we krwi, zwiększając ryzyko chorób sercowo-naczyniowych oraz metabolicznych.

Co w takim razie z olejem kokosowym? Olej kokosowy jest szczególnym przypadkiem źródła tłuszczów nasyconych. Zawiera on w swoim składzie między innymi kwasy tłuszczowe o krótszych łańcuchach, których spożywanie nie wywiera tak negatywnych skutków na ludzki organizm jak w przypadku tłuszczów nasyconych pochodzenia zwierzęcego.

Kiedy warto używać oleju kokosowego i jaki produkt wybrać? Olej kokosowy zawiera ponad 90% tłuszczów nasyconych, dlatego warto używać go do gotowania i pieczenia. Nasycone kwasy tłuszczowe są bardziej stabilne niż kwasy nienasycone, a podczas obróbki termicznej nie dochodzi do tworzenia się związków toksycznych. Dodatkowo przewagą oleju kokosowego nad innymi nasyconymi tłuszczami jest brak cholesterolu, który występuje we wszystkich tłuszczach zwierzęcych. Utleniony cholesterol jest bardzo szkodliwy i może prowadzić do wielu schorzeń układu krążenia. **W swojej kuchni używam oleju kokosowego nierafinowanego, tłoczonego na zimno, w tej postaci zachowuje on bowiem swoje prozdrowotne właściwości.**

Tłuszcze jednonienasycone, czyli coś dla waszych serc ☺

Spożywanie tłuszczów jednonienasyconych najbardziej kojarzy nam się z olejami roślinnymi. Oczywiście w olejach roślinnych możemy odnaleźć ich duże ilości, ale należy pamiętać, że są one również obecne w produktach zwierzęcych. **Badania pokazują, że dieta oparta na tłuszczach jednonienasyconych ma dobroczynny wpływ na nasz organizm i chroni nas przed chorobami sercowo-naczyniowymi.** Przykładem takiej diety jest jedna z moich ulubionych, czyli dieta śródziemnomorska, gdzie głównym źródłem tłuszczów jest oliwa z oliwek bogata w jednonienasycone kwasy tłuszczowe, witaminy oraz antyoksydanty. **Dobrym źródłem jednonienasyconych kwasów tłuszczowych jest właśnie oliwa z oliwek, orzechy oraz awokado. Produkty bogate w tłuszcze jednonienasycone powinny być spożywane na zimno (ewentualnie używane do krótkiej obróki termicznej, jak smażenie jajecznicy lub obsmażanie). Dodaj je do sałatek lub po obróbce termicznej potrawy, dzięki temu nie stracą one swoich prozdrowotnych właściwości.**

Ostatni i najważniejszy rodzaj kwasów tłuszczowych, czyli tłuszcze wielonienasycone, które powinny gościć w naszym jadłospisie codziennie, bez wyjątków.

Tłuszcze wielonienasycone stanowią najważniejszą pod względem zdrowotnym grupę związków tłuszczowych. Wspomagają one układ odpornościowy, zapewniają prawidłową pracę układu sercowo-naczyniowego oraz układu nerwowego, utrzymują odpowiednie nawilżenie skóry, poprawiają parametry lipidowe, wyrównują poziom glukozy i zabezpieczają nas przed rozwojem wielu chorób cywilizacyjnych. Można by tak wymieniać i wymieniać ☺ **Tłuszcze wielonienasycone dzielą się na dwie podgrupy: tłuszcze z rodziny omega-3 oraz tłuszcze z rodziny omega-6.** Obydwie grupy są bardzo ważne z punktu widzenia prawidłowego działania naszego organizmu i powinny być dostarczane w codziennej diecie. Kwasy tłuszczowe z rodziny omega-6 spożywane w nadmiarze mają charakter prozapalny, co wiąże się z aktywowaniem układu odpornościowego podczas infekcji, natomiast kwasy tłuszczowe z rodziny omega-3 są związane z działaniem przeciwzapalnym i zabezpieczają nas przed nadmiernym rozwojem zapalenia. **Równowaga między tymi dwiema grupami jest ważna nie tylko**

z punktu widzenia układu immunologicznego, ale również z perspektywy ogólnego funkcjonowania naszego organizmu. Jakie powinny być stosunki kwasów z rodzin omega? **Proponowana proporcja dostarczenia kwasów omega w diecie wynosi 4:1, przy czym więcej powinniśmy dostarczać kwasów omega-6.** Jak sami na pewno wiecie, zachowanie niskich stosunków omega-6 w stosunku do omega-3 nie jest jednak proste... Kwasy tłuszczowe omega-6 są szeroko rozpowszechnione w żywności, znajdują się bowiem we wszystkich olejach oraz innych produktach pochodzenia roślinnego. **Okazuje się, że w codziennej diecie spożywamy zbyt wiele kwasów omega-6 w stosunku do kwasów omega-3.** Planując posiłki, powinniśmy wybierać przede wszystkim tłuszcze bogate w kwasy omega-3, z których najważniejsze są: kwas dokozaheksaenowy (DHA) i eikozapentaenowy (EPA). Najlepszym źródłem kwasów omega-3 (EPA i DHA) są tłuste ryby morskie takie jak łosoś, tuńczyk, śledź czy makrela. Duże ilości tych kwasów znajdziemy również w oleju lnianym i rzepakowym (ALA), jednak z tych źródeł są one słabiej przyswajalne. Jeśli nie jesteśmy w stanie dostarczyć organizmowi wystarczającej ilości tych kwasów lub produktów dobrego pochodzenia, należy rozważyć ich suplementację.

Jakich tłuszczów należy unikać?

Najbardziej szkodliwymi tłuszczami dla naszego zdrowia są tłuszcze trans. Wpływają one negatywnie na układ sercowo-naczyniowy, zwiększając stężenie cholesterolu i triglicerydów, sprzyjają otyłości i wielu chorobom dietozależnym. Tłuszcze trans występują głównie w produktach przetworzonych oraz produktach smażonych, takich jak słodycze, słone przekąski, żywność typu fast food oraz oleje roślinne poddane wysokiej temperaturze. **Jak zminimalizować ilość tłuszczów trans w diecie? Zrezygnuj ze smażenia na rzecz pieczenia i gotowania na parze. Jedząc na mieście, nigdy nie wybieraj produktów smażonych (szczególnie na głębokim oleju), a jeśli masz ochotę na coś słodkiego, sięgaj po owoce lub inne zdrowe zamienniki. Wiele przepisów na zdrowe łakocie znajdziesz w moich wcześniejszych książkach lub na blogu www.hpba.pl.**

CZY WIESZ, ŻE...
1 g tłuszczów to 9 kcal.

O CZYM WARTO PAMIĘTAĆ?

- Energia pochodząca z tłuszczów nie powinna wynosić więcej niż 20–35% twojego zapotrzebowania energetycznego.
- Unikaj tłuszczów nasyconych (wyjątkiem może być olej kokosowy, używany w minimalnych ilościach do gotowania lub pieczenia), staraj się je zastąpić tłuszczami nienasyconymi.
- Tłuszcze nienasycone spożywaj w postaci surowej lub dodawaj je do posiłku po obróbce termicznej.
- Pamiętaj o odpowiedniej podaży kwasów omega-6 oraz omega-3. Ich stosunek powinien być niski, najlepiej 4:1.
- Pamiętaj, że pod względem prozdrowotnym najważniejsze są kwasy EPA i DHA, znajdujące się w tłustych rybach morskich (oraz w pstrągu). Należy spożywać ryby 2–3 razy w tygodniu, tak aby codziennie dostarczyć organizmowi przynajmniej 250 g EPA + DHA.
- Nie spożywaj produktów przetworzonych (szczególnie żywności typu fast food czy słodyczy takich jak herbatniki) zawierających tłuszcze trans.

Ostatnim makroskładnikiem, szczególnie ważnym w świecie sportu, jest białko. Jeśli chcesz zbudować masę mięśniową, postaw w swojej diecie na białko. Odpowiednia podaż białka często determinuje sukces sportowca, szczególnie podczas budowania masy mięśniowej w sportach siłowych.

Białko niczym budulec...

Białka pełnią wiele ważnych funkcji w organizmie człowieka, w tym najważniejszą – budulcową. **Przy niedostatecznym dopływie energii z tłuszczów i węglowodanów nasz organizm może wykorzystać białko jako źródło energii, co prowadzi do wyniszczenia, a w kontekście aktywności fizycznej i rzeźbienia sylwetki – do utraty cennej masy mięśniowej.** Jeśli nie chcemy doprowadzić do tego procesu, pamiętajmy, by energia wykorzystywana podczas aktywności fizycznej zawsze pochodziła z węglowodanów lub z tłuszczów, a nie z białek. Nie zapominaj również o tym, że nie każde białko będzie dla ciebie tak samo wartościowe. Funkcja białka jako składnika odżywczego polega na dostarczeniu

organizmowi kompletu niezbędnych aminokwasów, które zapewnią prawidłowe funkcjonowanie organizmu. Aminokwasy dzielimy na egzogenne i endogenne. Aminokwasy egzogenne nie są syntezowane w organizmie człowieka i muszą być dostarczane wraz z pożywieniem.

Jakie są w takim razie źródła białka o wysokiej wartości odżywczej?

Do pełnowartościowych źródeł białka zaliczane są białka pochodzenia zwierzęcego, takie jak jaja, mleko i jego przetwory, mięso, ryby i drób. Do białek mniej wartościowych zalicza się większość białek pochodzenia roślinnego oraz niektóre kasze, takie jak komosa ryżowa czy amarantus. Zawierają one mniej aminokwasów egzogennych, więc te muszą być uzupełniane w codziennej diecie. Spośród białek roślinnych wysoką wartością odżywczą charakteryzują się białka roślin strączkowych (głównie białko sojowe) oraz białka pochodzące z orzechów. **W kontekście prawidłowego odżywiania jako główne źródła białka polecam ryby, strączki i białe mięso.**

Jakie jest codzienne zapotrzebowanie na białko?

Białka mięśniowe i ustrojowe podlegają ciągłemu przebudowaniu, ustalenie zapotrzebowania na nie jest więc skomplikowane i zależy od wielu czynników. Najważniejszymi czynnikami wpływającymi na zapotrzebowanie na białko są:

- stan gospodarki energetycznej organizmu (jeśli nie ma innych substratów energetycznych, organizm będzie wykorzystywał białko jako źródło energii);
- masa ciała;
- wiek;
- stan zdrowia;
- aktywność fizyczna.

Norma dla zdrowego dorosłego człowieka, z niską lub umiarkowaną aktywnością fizyczną, wynosi około 0,9–1 g na każdy kilogram masy ciała.

CZY WIESZ, ŻE...
1 g białka to 4 kcal.

Jeśli jesteś osobą aktywną, twoje zapotrzebowanie na białko będzie większe. W zależności od dyscypliny i intensywności treningów może wzrosnąć nawet o 70%!

Ilość białka a obrany cel...

Jeśli celem twoich treningów jest głównie spalenie tkanki tłuszczowej, dodatkowa podaż białka nie jest wymagana. Jeśli jednak uprawiasz dyscypliny wytrzymałościowe, sporty siłowe lub kulturystykę, przyjęta ilość białka według zaleceń ogólnych może nie wystarczyć. Nie ma potrzeby przekraczania 2 g białka na każdy kilogram masy ciała. **W zależności od intensywności treningów ilość białka powinna być zwiększona od 20% do 70%, co daje 1,2–1,7 g na każdy kilogram masy ciała.**

O CZYM WARTO PAMIĘTAĆ?

- Białko powinno stanowić około 10–20% codziennego zapotrzebowania energetycznego. Dzienne spożycie białka powinno wynosić około 1 g białka na kilogram masy ciała.
- Wybieraj białka pełnowartościowe pochodzenia zwierzęcego, spożywaj strączki i orzechy.
- Jeśli twoje treningi są bardzo intensywne lub uprawiasz konkretną dyscyplinę sportu, musisz zwiększyć ilość białka w diecie, tak aby zapewnić prawidłowe funkcjonowanie wszystkich procesów metabolicznych.

A teraz jeden z moich ulubionych tematów, czyli **kupa prawdę ci powie** ☺

Czy zastanawiałaś się kiedyś, co wchodzi w skład kału?

Przede wszystkim jest to woda, która stanowi 70–75% jego składu.

Podczas pełnego procesu trawienia masa kałowa pobiera wodę, a wypróżniając się, tracimy jej około 100 ml. Dzięki odpowiedniej ilości wody stolec nabiera pożądanej konsystencji i dodatkowo organizm może wydalić to, co powinien, czyli odpady przemiany materii.

Czym zatem jest reszta?
Aż ⅓ masy kałowej stanowią bakterie. Taka sama część to włókna roślinne – im więcej spożywamy warzyw, tym większy wydalamy kał. Resztę stanowią niestrawione pozostałości, takie jak leki, barwniki, cholesterol.

A teraz to, co sama możesz ocenić gołym okiem, czyli konsystencja kału...

W 1997 roku brytyjski naukowiec dr Ken Heaton opracował skalę uformowania naszych odchodów:

1. Pojedyncze zbite grudki przypominające orzeszki – zaparcia, kał trudny do wydalenia.
2. Stolec o wydłużonym kształcie, grudkowaty niczym złączone orzeszki – lekkie zaparcie.
3. Stolec wydłużony z pęknięciami – prawie poprawny.
4. Smukły, długi, gładki i miękki – poprawny.
5. Kał łatwo wydalany z widocznymi miękkimi drobinami – poprawny.
6. Kał z postrzępionymi kawałkami – zapalenie, biegunka.
7. Wodnisty – biegunka.

Podobno każdy artysta, kiedy skończy pracę, patrzy na swoje dzieło. Kupie też warto przyjrzeć się z bliska, bo jej struktura jest źródłem wielu ważnych informacji. Dzięki niej możemy się dowiedzieć:

- w jakim tempie cząstki niestrawionego pokarmu przechodzą przez jelito;
- czy w naszym organizmie występują zaburzenia trawienne;
- czy dokuczają nam dolegliwości ze strony przewodu pokarmowego;
- jakiego rodzaju patogeny bakteryjne w niej występują (należy oddać próbkę do badania w laboratorium);
- czy cierpimy na mniej lub bardziej poważne choroby (potrzebna diagnoza lekarska).

Jeśli chcemy prawidłowo zadbać o swój organizm, musimy pamiętać również o zdrowiu naszych jelit. Pomogą nam w tym kiszonki, jogurty probiotyczne oraz – najważniejszy ze wszystkich – błonnik. Zdrowe jelita poprawią wasze samopoczucie i zwiększą wydolność, bo wszystko wywodzi się z jelit.

Błonnik należy do grupy węglowodanów odpornych na działanie enzymów trawiennych. Co to oznacza? **Stanowią go części roślin, które w postaci niestrawionej przechodzą przez układ pokarmowy.** Pomimo że nie ulega on, tak jak reszta węglowodanów, trawieniu oraz wchłanianiu, jest bardzo ważnym elementem codziennego jadłospisu. Błonnik odpowiada za wspomaganie perystaltyki jelit, stymuluje prawidłowe procesy fermentacyjne w naszym organizmie (zapewnia prawidłowe działanie mikrobiomu jelitowego), redukuje poziom cholesterolu, obniża stężenie glukozy po posiłku, zmniejsza czas interakcji między błoną śluzową jelita a toksynami (prewencja nowotworowa).

Jakie są źródła błonnika?

Źródłem włókna pokarmowego w diecie jest włókno naturalne pochodzenia roślinnego. Występuje ono głównie w produktach zbożowych, kaszach oraz surowych warzywach i owocach. **Pamiętajcie, że zawartość błonnika w poszczególnych produktach spożywczych nie jest zbyt wysoka, więc trzeba go**

dostarczać z wielu różnych źródeł. Najwięcej błonnika będą miały produkty surowe oraz pełnoziarniste. Bogatymi źródłami włókna pokarmowego są otręby, płatki jęczmienne, chleb żytni pełnoziarnisty, amarantus, kasza bulgur, kasza jaglana, kasza gryczana, migdały, orzechy laskowe, suszone morele, suszone śliwki, rośliny strączkowe, mąki razowe oraz mąki z nasion roślin strączkowych. Surowe warzywa i owoce zawierają mniej błonnika na 100 g produktu (0,5–6 g/100 g dla warzyw i około 2 g/100 g dla owoców), ale codzienna ilość, jaką spożywamy, powoduje, że jest to często główne źródło błonnika.

TABELA 2. **ILOŚĆ BŁONNIKA NA 100 G PRODUKTU**

Nazwa produktu	ilość błonnika [g/100 g produktu]	Nazwa produktu	ilość błonnika [g/100 g produktu]
Otręby pszenne	42	Suszone morele	10,3
Płatki jęczmienne	9,6	Suszone śliwki	9,4
Chleb żytni pełnoziarnisty	9,1	Daktyle	8,7
Płatki owsiane	6,9	Migdały	12,9
Chleb mieszany	6,4	Orzechy laskowe	8,9
Makaron jajeczny	2,6	Cukinia	1,1
Ryż biały	2,4	Pomidor	1,2
Ryż brązowy	8,7	Soczewica czerwona (sucha masa)	8,9
Bułki graham	5,4	Soja (sucha masa)	15,7
Bułki pszenne	2,1	Wiórki kokosowe	21,2
Mąka pszenna 500	2,6	Jabłko	2
Kasza jęczmienna	5,4	Banan	1,7
Kasza gryczana	5,9	Pomarańcza	1,9
Kasza jaglana	3,2	Marchew	3,6

O CZYM WARTO PAMIĘTAĆ?

- Dzienna podaż błonnika powinna wynosić 20–35 g.
- Zarówno zbyt dużo, jak i zbyt mało błonnika może mieć negatywny wpływ na nasz organizm.
- Należy spożywać błonnik z wielu różnych produktów spożywczych, tak aby zapewnić odpowiednią podaż wszystkich jego frakcji.

CZY WIESZ, ŻE...

Każdy gram błonnika to około 2 kcal.

Kolejną ważną grupą składników odżywczych są witaminy i składniki mineralne, które mimo że nie pełnią żadnej funkcji energetycznej, są niezbędne do prawidłowego funkcjonowania organizmu.

Zawsze podkreślam, że przemiany metaboliczne u sportowca zachodzą szybciej i intensywniej, dlatego nie możemy zapomnieć o dostarczeniu organizmowi kompletu odpowiednich witamin i składników mineralnych! W sportach zawodowych należy wspomóc organizm dodatkową suplementacją.

Większość reakcji w naszym organizmie nie może zajść bez udziału odpowiedniej witaminy czy odpowiedniego pierwiastka, aktywują one bowiem wiele enzymów i zapewniają prawidłowe funkcjonowanie szlaków biochemicznych. Witaminy i składniki mineralne pełnią przede wszystkim funkcje regulacyjne, a ich nadmiar i niedobór może wywoływać wiele negatywnych skutków, dlatego osoby uprawiające sport nie mogą sobie pozwolić na ich niedobory! **Jeśli intensywnie trenujesz, szczególną uwagę powinnaś zwrócić na witaminy z grupy B i D oraz na antyoksydanty! Pamiętaj jednak, że co za dużo, to niezdrowo: przestrzegaj dawek podanych na opakowaniu.**

TABELA 3. **ZAPOTRZEBOWANIE NA WITAMINY**

Witaminy rozpuszczalne w tłuszczach	Funkcja	Źródło	Dzienne zapotrzebowanie
Witamina A	działanie antyoksydacyjne, metabolizm kości, prawidłowy wzrok, zdrowie skóry oraz błon śluzowych, regulacja układu immunologicznego	olej, wątroba, masło, mleko, jaja	900 µg mężczyźni, 700 µg kobiety
Witamina D	prawidłowy metabolizm kostny, wchłanianie wapnia, regulacja układu immunologicznego	tłuste ryby morskie	15 µg – kobiety i mężczyźni
Witamina E	działanie antyoksydacyjne, regulacja układu sercowo--naczyniowego	oleje roślinne, orzechy, jaja, produkty pełnoziarniste	10 µg mężczyźni, 8 µg kobiety
Witamina K	prawidłowy metabolizm kostny, prawidłowe krzepnięcie krwi	wątroba, oleje roślinne, zielone warzywa liściaste, mleko	65 µg mężczyźni, 55 µg kobiety
Witaminy rozpuszczalne w wodzie	**Funkcja**	**Źródło**	**Dzienne zapotrzebowanie**
Witamina B_1 (tiamina)	metabolizm energetyczny, przemiana węglowodanów	mięso, ryby, produkty mleczne, jaja	1,3 mg mężczyźni, 1,1 mg kobiety
Witamina B_2 (ryboflawina)	metabolizm energetyczny, przemiana makroskładników	mleko i jego przetwory, jaja, rośliny strączkowe, kasza jaglana	1,3 mg mężczyźni, 1,1 mg kobiety
Witamina PP (niacyna)	metabolizm cholesterolu, synteza hormonów płciowych, kortyzolu, insuliny	podroby, mięso, drób, ryby, jaja, orzechy	16 mg mężczyźni, 14 mg kobiety
Cholina	utrzymanie prawidłowej struktury komórkowej, prawidłowa praca wszystkich układów organizmu, szczególnie układu nerwowego, prawidłowy metabolizm lipidów	podroby, mięso, drób, ryby, jaja, orzechy, rośliny strączkowe, kiełki	550 mg mężczyźni, 425 mg kobiety

Witamina B_5 (kwas pantotenowy)	metabolizm węglowodanów, tłuszczów oraz białek	jaja, mięso, ryby, drożdże, produkty pełnoziarniste	5 mg – kobiety i mężczyźni
Witamina B_6 (pirydoksyna)	synteza hemoglobiny, produkcja przeciwciał, metabolizm tłuszczów, węglowodanów oraz białek	warzywa liściaste, kiełki pszenicy, drożdże, awokado, drób, nabiał, jaja	1,3–1,7 mg mężczyźni, 1,3–1,5 mg kobiety
Witamina B_{12} (kobalamina)	tworzenie czerwonych krwinek, metabolizm węglowodanów i tłuszczów, uczestnictwo w syntezie DNA i zapewnianie stabilności genów	wątroba, ryby, mięso, produkty mleczne, jaja, brak źródeł roślinnych	2,4 µg – kobiety i mężczyźni
Foliany	tworzenie czerwonych krwinek, uczestnictwo w syntezie DNA i zapewnianie stabilności genów, regulacja systemu nerwowego oraz krwionośnego	produkty pełnoziarniste, jaja, orzechy, zielone warzywa liściaste, brokuły, wątroba	400 µg – kobiety i mężczyźni
Biotyna	metabolizm białek, prawidłowe funkcjonowanie układu nerwowego	orzechy, banany, jaja, mleko, wątroba, produkty pełnoziarniste, większość warzyw	30 µg – kobiety i mężczyźni
Witamina C (kwas askorbinowy)	działanie antyoksydacyjne, budowa tkanek, regulacja układu odpornościowego, gojenie się ran	natka pietruszki, czerwona papryka, rośliny kapustne, owoce jagodowe i cytrusowe	90 mg mężczyźni, 75 mg kobiety

TABELA 4. ZAPOTRZEBOWANIE NA SKŁADNIKI MINERALNE

Pierwiastek	Funkcja	Źródła	Dzienne zapotrzebowanie
Chlor	udział w gospodarce wodno-elektrolitowej i kwasowo-zasadowej	sól kuchenna i produkty ją zawierające	1850–2300 mg – kobiety i mężczyźni
Chrom	metabolizm glukozy oraz insuliny, udział w procesach dojrzewania	drożdże, produkty pełnoziarniste, wątroba, ostrygi, jaja	35 µg mężczyźni, 25 µg kobiety
Cynk	leczenie ran, umożliwianie działania enzymów antyoksydacyjnych, wspomaganie zmysłu smaku i węchu	mięso, owoce morza, jaja, drób, orzechy	11 mg mężczyźni, 8 mg kobiety
Fluor	stymuluje tworzenie tkanki kostnej, zapobiega próchnicy	woda, herbata, ryby, produkty zbożowe	4 mg mężczyźni, 3 mg kobiety
Fosfor	prawidłowy metabolizm kostny	szeroko rozpowszechniony w żywności	700 mg – kobiety i mężczyźni
Jod	składnik hormonów tarczycy, zapewnianie prawidłowego działania układu nerwowego	ryby i owoce morza	150 µg – kobiety i mężczyźni
Magnez	aktywuje ponad 300 enzymów, bierze udział w przemianach makroskładników, jest odpowiedzialny za przewodnictwo nerwowe i kurczliwość mięśni	pełnoziarniste produkty zbożowe, nasiona roślin strączkowych, orzechy, kakao oraz zielone warzywa	400–420 mg mężczyźni, 310–320 mg kobiety
Mangan	kofaktor wielu enzymów	szeroko rozpowszechniony w żywności	2,3 mg mężczyźni, 1,8 mg kobiety
Miedź	kofaktor wielu enzymów, udział w tworzeniu czerwonych krwinek, zapewnianie prawidłowego funkcjonowania układu nerwowego	skorupiaki, wątroba, nasiona, orzechy, suszone owoce, tofu, produkty pełnoziarniste	0,9 mg – kobiety i mężczyźni

Molibden	udział w metabolizmie wapnia	występuje głównie w warzywach i produktach zbożowych	45 µg – kobiety i mężczyźni
Potas	jeden z ważniejszych elektrolitów; udział w przewodnictwie nerwowym, regulacja (wraz z sodem) ciśnienia krwi	mięso, ryby, większość warzyw i owoców (w diecie Polaków głównym źródłem są ziemniaki)	3500 mg – kobiety i mężczyźni
Selen	wspomaganie systemów antyoksydacyjnych, ochrona przed metalami ciężkimi	ryby, ostrygi, owoce morza, orzechy brazylijskie, mięso	55 µg – kobiety i mężczyźni
Sód	udział w gospodarce wodno-elektrolitowej i kwasowo-zasadowej, wytwarzanie kwasu solnego, funkcjonowanie układu nerwowego i mięśniowego	sól kuchenna, produkty solone, warzywa konserwowe, wędliny, sery	1,2–1,5 g – kobiety i mężczyźni
Wapń	prawidłowy metabolizm kostny, udział w metabolizmie mięśni	produkty mleczne, warzywa strączkowe i zielonolistne	1000–1200 mg – kobiety i mężczyźni
Żelazo	składnik hemoglobiny, uczestniczy w syntezie DNA, odgrywa rolę w zwalczaniu bakterii i wirusów przez układ odpornościowy	czerwone mięso, podroby, jaja, suche nasiona roślin strączkowych, pełnoziarniste produkty zbożowe, zielone warzywa liściaste	10 mg mężczyźni, 10–18 mg kobiety

Często dostaję od was pytanie, czy jeśli ćwiczycie, to musicie stosować dodatkową suplementację. Jeśli trenujesz i masz odpowiednią, zbilansowaną dietę, nie powinnaś mieć niedoborów witamin ani składników mineralnych. Jak wspomniałam wyżej – niestety z doświadczenia wiem, że zbilansowanie niektórych pierwiastków i składników mineralnych jest trudne i jeśli dostarczamy ich organizmowi za mało, warto pomyśleć o ich suplementacji. Jakie to związki? Przede wszystkim witamina D oraz magnez. Poniżej przedstawiam kilka praktycznych wskazówek, które pomogą zabezpieczyć się przed ich niedoborami.

Witamina D

Witamina D jest jedną z witamin rozpuszczalnych w tłuszczach, dlatego jeśli spożywasz produkty bogate w tę witaminę, należy zawsze pamiętać, aby dana potrawa zawierała również tłuszcz. Jeśli przyjmujemy suplementy, warto wybierać preparaty w kapsułkach, które dodatkowo zawierają olej, co ułatwi ich wchłanianie. Źródłem witaminy D jest głównie synteza podskórna, która powinna pokrywać 90% naszego zapotrzebowania, resztę powinniśmy dostarczyć wraz z dietą. **Większość z nas cierpi jednak na przewlekły niedobór tej witaminy, dlatego powinniśmy ją suplementować.** W jaki sposób? Warto zacząć od sprawdzenia jej poziomu. Jeśli cierpimy na niedobór (<30 ng/ml), po konsultacji z lekarzem powinniśmy rozważyć dzienną dawkę rzędu 2000–4000 IU. Osoby dorosłe powinny suplementować witaminę D w dawce 800–2000 IU, niezależnie od pory roku. Należy pamiętać również o tym, że osoby ze zwiększoną masą ciała są szczególnie narażone na niedobór, dlatego powinny rozważyć dawkę rzędu 4000 IU oraz monitorować poziom witaminy.

Magnez

Magnez pełni wiele ważnych funkcji w naszym organizmie, aktywuje ponad trzysta enzymów, bierze udział w przemianach makroskładników, jest odpowiedzialny za przekaźnictwo nerwowe i kurczliwość mięśni. Niedobory magnezu są przyczyną zaburzeń ze strony układu nerwowo-mięśniowego i sercowo-naczyniowego oraz mogą poważnie obniżyć wydolność organizmu sportowca. Badania pokazują, że zdecydowana większość ludzi spożywa zbyt mało magnezu. Dzienna podaż powinna wynosić około 400–420 mg dla mężczyzn i 310–320 mg dla kobiet. Dobrymi źródłami magnezu są pełnoziarniste produkty zbożowe, nasiona roślin strączkowych, orzechy, kakao oraz zielone warzywa. **Magnez jest szczególnie ważny dla sportowców, a jego niedobory warto uzupełniać podczas treningu wraz z płynami. Jeśli pojawiają się u ciebie pierwsze objawy niedoboru, związane zazwyczaj z mimowolnym drżeniem mięśni, należy rozważyć suplementację.**

Kolejnym ważnym zagadnieniem jest odpowiednie nawodnienie i utrzymanie równowagi elektrolitowej u sportowca podczas treningu. Jeśli doprowadzimy

do odwodnienia, może to nie tylko obniżyć naszą wydolność i pogorszyć efektywność treningu, ale również stanowić zagrożenie dla naszego zdrowia. Zapotrzebowanie organizmu na wodę zależy od wielu czynników, w tym składu diety, temperatury otoczenia, klimatu i aktywności fizycznej. Wzrasta ono przy podwyższonej temperaturze i obniżonej wilgotności otoczenia, większej aktywności fizycznej oraz wysokiej wartości energetycznej diety. **Jeśli ćwiczysz i spożywasz większe ilości białka, powinnaś pamiętać o dodatkowej podaży płynów.** Woda w organizmie występuje wraz z elektrolitami. Dla zachowania równowagi wodno-elektrolitowej organizmu wydalanie wody i elektrolitów z organizmu musi być zrównoważone przez ich odpowiednią podaż.

Ile wynosi dzienne zapotrzebowanie na wodę i elektrolity?

Ogólne normy zapotrzebowania na wodę i elektrolity zostały ustalone na poziomie wystarczającego spożycia. Dotyczą one osób o średniej aktywności fizycznej, zamieszkujących strefę klimatu umiarkowanego. Według tych standardów dorosły mężczyzna powinien spożywać około 2500 ml wody, 1,5 g sodu oraz 3,5 g potasu dziennie. Dorosła kobieta powinna spożywać 2000 ml wody, 1,5 g sodu oraz 3,5 g potasu dziennie. **Pamiętaj, by zachowywać dobre proporcje między sodem a potasem i nie spożywać zbyt dużo soli kuchennej.** Zbyt duża ilość sodu prowadzi do nadciśnienia i może przyczynić się do powstawania chorób układu sercowo-naczyniowego.

ENERGY
BAR

2

POZNAJ SWOJE POTRZEBY

Aby twój trening i dieta przyniosły efekty, musisz znać swoje potrzeby energetyczne. W tym rozdziale nauczysz się obliczać zapotrzebowanie kaloryczne zgodne z intensywnością treningów i trybem życia. Na początek oczywiście teoria!

Co to jest przemiana materii?

Przemiana materii to nic innego jak tempo i ilość energii wykorzystywanej na codzienne przemiany metaboliczne. Zależy od wielu czynników: wieku, płci, masy ciała oraz aktywności fizycznej. Energia wykorzystywana na codzienne potrzeby organizmu związane z prawidłowym funkcjonowaniem narządów wewnętrznych, oddychaniem, pracą serca czy procesami wzrostu nazywana jest **podstawową przemianą materii (PPM). Uwaga – o tym, czy twoja PPM będzie wysoka, decyduje między innymi ilość masy mięśniowej, dlatego zawsze podkreślam: nie tylko dieta, ale również aktywność fizyczna jest kluczem do sukcesu!** Oprócz energii związanej z procesami biochemicznymi na przemianę materii wpływa również twoja codzienna aktywność fizyczna, zarówno ta związana z pracą oraz domem, jak i treningami. Całkowita energia, którą powinniśmy dostarczyć każdego dnia na pokrycie wszystkich potrzeb, nazywana jest **całkowitą przemianą materii (CPM).**

Wiemy już, co wpływa na nasze zapotrzebowanie energetyczne. Jak je w takim razie obliczyć?

Twoja CPM jest związana z PPM i poziomem aktywności fizycznej. Prawidłowy pomiar PPM wykonuje się w stanie czuwania, w warunkach spokoju fizycznego i psychicznego oraz komfortu cieplnego, po poście trwającym dwanaście godzin, minimalnie ośmiogodzinnym śnie oraz trzydniowej diecie bezbiałkowej. **Jest na to jednak trochę prostszy sposób...**

Wzór Harrisa Benedicta:

PPM KOBIETY
PPM = 655,1 + [9,563 × masa ciała (kg) + 1,85 × wzrost (cm) – 4,676 × lata]
PPM MĘŻCZYŹNI
PPM = 66,5 + [13,75 × masa ciała (kg) + 5,003 × wzrost (cm) – 6,775 × lata]

Kiedy już znamy swoją PPM, należy zastanowić się nad codzienną aktywnością fizyczną. Powinniśmy zadać sobie pytanie: **ile ćwiczę w ciągu tygodnia i jaka jest intensywność mojego treningu?** Do tego może nam posłużyć **współczynnik aktywności fizycznej (PAL)**. Oto podpowiedź, jaki współczynnik będzie odpowiedni dla ciebie:

1,4 niska aktywność fizyczna, siedzący tryb życia; aktywność fizyczna skupia się głównie na aktywności zawodowej, utrzymaniu domu czy okazjonalnym wykonywaniu ćwiczeń;

1,6 umiarkowana aktywność fizyczna; 30-minutowe ćwiczenia kilka razy w tygodniu, spacery, mniej siedzący tryb życia;

1,75 umiarkowana/wysoka aktywność fizyczna; 30-minutowa aktywność fizyczna wykonywana prawie codziennie (pięć razy w tygodniu), aktywny tryb życia, treningi o umiarkowanej intensywności;

2,0 wysoka aktywność fizyczna; intensywna aktywność fizyczna wykonywana codziennie, sportowcy amatorzy;

2,2–2,4 aktywni sportowcy; współczynnik dobierany do okresów treningowych i intensywności treningów.

Skoro już wiesz, jaki jest twój PAL, możesz obliczyć teraz swoje zapotrzebowanie energetyczne (CPM):

$$CPM = PPM \times PAL$$

Twój bilans energetyczny:

Kiedy znasz już swoje CPM, powinnaś zastanowić się, jaki bilans energetyczny będzie dla ciebie odpowiedni:

- **Dodatni bilans energetyczny** – dostarczenie energii jest większe niż ilość energii wydatkowanej, co skutkuje wzrostem masy ciała.
- **Ujemny bilans energetyczny** – dostarczenie energii jest mniejsze od całkowitego zapotrzebowania; ilość energii dostarczanej jest stała i odpowiada całodobowemu zapotrzebowaniu, natomiast zwiększona jest aktywność fizyczna, co prowadzi do redukcji masy ciała.
- **Równowaga energetyczna** – dostarczenie energii i wydatek energetyczny są w równowadze.

Jeśli wiesz już, ile kalorii powinnaś dostarczyć organizmowi każdego dnia, warto się zastanowić, jakie składniki powinny stanowić źródło energii.

Nasz organizm, w zależności od potrzeb, może wykorzystywać jako źródło energii węglowodany, tłuszcze lub białka. **Nie wszystkie makroskładniki dostarczają jednak tę samą ilość energii – 1 g węglowodanów to 4 kcal, 1 g tłuszczów to 9 kcal, a 1 g białka to 4 kcal.** W pożywieniu proporcje węglowodanów, tłuszczów oraz białek są różne, ważne jest jednak, aby każdego dnia dostarczyć organizmowi wszystkich trzech makroskładników. Jako główne źródło energii wykorzystujemy węglowodany, następnie tłuszcze, a jeśli nie mamy innych źródeł – spalane jest również białko. Glukoza, najważniejszy węglowodan prosty, stanowi nadrzędny substrat energetyczny dla mięśni. **Podczas intensywnego wysiłku fizycznego zapewnienie odpowiedniej ilości glukozy jest niezmiernie ważne, aby twój trening przebiegał prawidłowo i abyś mogła uzyskać upragnione rezultaty. Jeśli nie dostarczysz organizmowi odpowiedniej ilości węglowodanów przed treningiem, podczas i po treningu, będzie on musiał znaleźć inny substrat energetyczny. Część energii będzie pokryta z przemian tłuszczów, ale niestety zostaną wykorzystane również białka mięśniowe.** Rodzaj i ilość węglowodanów należy dobrać indywidualnie do intensywności i długości treningu. U sportowców energia pochodząca z przemian węglowodanów powinna być wyższa niż w standardowej diecie.

Jak zbudować masę mięśniową?

Aby zwiększyć przyrost masy mięśniowej i zwiększyć siłę mięśni, musisz mieć dodatni bilans energetyczny, czyli spożywać więcej kalorii, niż potrzebujesz. Pamiętaj jednak, że muszą one pochodzić ze zbilansowanego stosunku węglowodanów, białek i tłuszczów. Średnie zwiększenie kaloryczności diety u osób chcących zbudować tkankę mięśniową wynosi około 20%. Zwiększaj swoją podaż kalorii stopniowo (200 kcal na tydzień), aż do uzyskania odpowiedniej kaloryczności. Osoba uprawiająca sporty siłowe powinna również pamiętać o odpowiedniej podaży węglowodanów (45% zapotrzebowania lub 5–7 g na kilogram masy ciała) oraz białek. **Odpowiednia dzienna podaż białka, w zależności od intensywności treningów, to 1,2–1,7 g białka na każdy kilogram masy ciała.**

O tym nie możesz zapominać, czyli uzupełnianie rezerw glikogenu...

Nasz organizm jest w stanie magazynować pewną część węglowodanów. Dzieje się tak, ponieważ cząsteczki glukozy są łączone w większą strukturę zwaną glikogenem. Jest on magazynowany w wątrobie i mięśniach szkieletowych. Glikogen wątrobowy ma za zadanie utrzymać prawidłowy poziom glukozy między posiłkami, glikogen mięśniowy zaś dostarczyć energii podczas intensywnej pracy mięśni. **Glikogen ma bezpośredni wpływ na wydolność organizmu.**

DRI-FIT

Wysokie stężenie glikogenu mięśniowego pozwala zwiększyć wydolność i zmaksymalizować treningi. Długie i intensywne ćwiczenia mogą zmniejszyć pulę glikogenu mięśniowego, dlatego po odbytym treningu należy uzupełnić stracone węglowodany. Uzupełnienie rezerw glikogenu jest ważne zarówno podczas uprawiania sportów wytrzymałościowych, jak i sportów siłowych.

Jak się pozbyć niechcianych kilogramów?

Redukcja tkanki tłuszczowej wpływa pozytywnie tak na ogólną poprawę zdrowia, jak i na wydolność organizmu w przypadku trenowania wielu dyscyplin sportowych. Aby zredukować ilość tkanki tłuszczowej, musisz wydatkować więcej energii, niż codziennie dostarczasz z dietą. Oczywiście o wiele lepsze długoterminowe efekty uzyskasz, łącząc odpowiednią dietę i aktywność fizyczną – przynajmniej tę umiarkowaną. **Aby zmniejszyć ilość tkanki tłuszczowej, zredukuj liczbę spożywanych kalorii o 10–20%.** Jeśli redukcja będzie zbyt szybka, a cięcia kaloryczne zbyt duże, spowolni to twój metabolizm. Zwiększy się wówczas utlenianie białek i zmniejszą się rezerwy glikogenu, co w efekcie może doprowadzić do ubytku masy mięśniowej. **Jeśli chcemy zredukować masę tkanki tłuszczowej, powinniśmy ograniczyć spożycie tłuszczów (do 30% CPM) oraz węglowodanów (do 50% CPM). Aby zmniejszyć ryzyko redukcji tkanki mięśniowej, powinniśmy pamiętać o zwiększeniu udziału białka w codziennej diecie.** Spożycie białka, zależnie od poziomu aktywności fizycznej i uprawianej dyscypliny, powinno wynosić około 1,2–1,7 g na każdy kilogram masy ciała na dobę. Przy czym najwyższe spożycie jest zalecane dla sportowców.

Dlaczego regularne posiłki oraz sen są tak ważne podczas przebudowy twojego ciała?

Regularność posiłków oraz odpowiednia ilość snu zapewnią optymalne działanie układu hormonalnego, który jest głównym czynnikiem odpowiedzialnym za twój sukces.

Do hormonów zapewniających nam prawidłowe działanie metabolizmu zaliczamy kortyzol, leptynę, grelinę, melatoninę oraz hormony tarczycy. Oto kilka zasad, które pomogą ci utrzymać równowagę hormonalną:

- Każdy dzień zaczynaj od śniadania, do którego zasiadaj nie później niż 1,5 godziny po przebudzeniu.
- Planuj pełnowartościowe posiłki zgodne ze swoim zapotrzebowaniem kalorycznym.
- Spożywaj 4–5 mniejszych posiłków w odstępach 3–4-godzinnych.
- Dobierz rodzaj aktywności fizycznej do swoich potrzeb. Jeśli jesteś na diecie redukcyjnej, uważaj na zbyt intensywne i zbyt długie treningi oraz pamiętaj o regeneracji.
- Przed snem wywietrz pomieszczenie, zasłoń wszystkie okna i wyłącz lampki.
- Staraj się spać nieprzerwanym snem osiem godzin.

Marks
AVOCADO

JAK SKOMPONOWAĆ POSIŁKI → PRZYKŁADOWE JADŁOSPISY

Diet

by Ann

→ DLA OSÓB AKTYWNYCH, TRENING TRZY RAZY W TYGODNIU

1 616 KCAL

442 KCAL ŚNIADANIE B 30g T 31g W 9g*

Omlet marchwiowo-kokosowy

SKŁADNIKI:

- 3 jaja kurze, rozmiar M (189 g)
- 1 białko kurze (35 g)
- 1 łyżka mąki kokosowej odtłuszczonej (13 g)
- 1 łyżka mleka lub napoju kokosowego (15 ml)
- 1 marchew (45 g)
- ¾ łyżeczki oleju kokosowego extra virgin do smażenia (11 g)
- szczypta cynamonu
- szczypta kurkumy
- szczypta gałki muszkatołowej
- szczypta imbiru

SPOSÓB PRZYGOTOWANIA:

Marchew obierz i zetrzyj na tarce. Zmiksuj jaja i białko z mąką, mlekiem i przyprawami. Dodaj startą marchew, całość wymieszaj. Przygotowaną masę wylej na patelnię i przykryj. Gdy masa się zetnie, omlet przerzuć na drugą stronę. Omlet złóż na pół i wyłóż na talerz.

DO POSIŁKU:

1 szklanka wody mineralnej (240 ml)

Napoje pijemy co najmniej pól godziny przed lub pół godziny po posiłku.

* **B** – BIAŁKA, **T** – TŁUSZCZE, **W** – WĘGLOWADANY.

251 KCAL PRZEKĄSKA PORANNA **B** 3g **T** 7g **W** 48g

Korzenny koktajl bananowy

SKŁADNIKI:

- ½ banana (100 g)
- 1 gruszka (130 g)
- ⅔ szklanki mleka lub napoju kokosowego (166,5 ml)
- 2 orzechy włoskie (8 g)
- szczypta cynamonu
- szczypta mielonego imbiru
- szczypta gałki muszkatołowej
- szczypta kurkumy

SPOSÓB PRZYGOTOWANIA:

Zblenduj wszystkie składniki.

481 KCAL OBIAD **B** 41g **T** 17g **W** 49g

Pieczone kotlety z wołowiny z frytkami

SKŁADNIKI:

- 160 g polędwicy wołowej
- ½ jaja kurzego, rozmiar S (25 g)
- 1 łyżeczka natki pietruszki (6 g)
- szczypta suszonego tymianku
- szczypta czarnego pieprzu
- szczypta soli himalajskiej
- szczypta suszonej bazylii
- szczypta suszonego majeranku
- szczypta mielonej kurkumy

SPOSÓB PRZYGOTOWANIA:

Mięso dokładnie umyj, wysusz ręcznikiem papierowym i zmiel, po czym włóż do miski, dodaj jajo, przyprawy i pietruszkę. Wszystko wymieszaj i uformuj dwa równe kotlety.
Rozgrzej piekarnik do 200°C. Kotlety włóż do foremek na muffinki i piecz około 25 minut na najwyższej półce.

Frytki warzywne

SKŁADNIKI:

- 1 plaster selera korzeniowego (60 g)
- 1 marchew (45 g)
- ⅓ batata (100 g)
- 1 ziemniak (90 g)
- ½ łyżeczki oleju kokosowego extra virgin (7,5 g)
- szczypta suszonego majeranku
- 1 łyżeczka ostrej czerwonej papryki (4 g)
- 2 szczypty soli himalajskiej

SPOSÓB PRZYGOTOWANIA:

Warzywa umyj, obierz i pokrój w słupki. Przypraw i skrop olejem. Piecz w piekarniku w 200°C przez około 25–30 minut.

DO POSIŁKU:

1 szklanka ziołowej herbaty (240 ml)

178 KCAL PRZEKĄSKA WIECZORNA **B** 4g **T** 7g **W** 25g

Szarlotkowy pudding chia

SKŁADNIKI:

- 1¾ łyżki nasion chia (17,5 g)
- ⅓ szklanki mleka lub napoju kokosowego (83 ml), lub innego mleka roślinnego
- 1 łyżeczka cukru kokosowego (10 g)
- ⅔ szklanki pokrojonego jabłka (100 g)
- 2 szczypty cynamonu
- szczypta gałki muszkatołowej

SPOSÓB PRZYGOTOWANIA:

Przygotuj pudding: nasiona chia wymieszaj w letnim mleku kokosowym, dodaj cukier i wstaw do lodówki. Jabłka umyj, usuń gniazda nasienne i pokrój w kostkę. Wrzuć jabłka na patelnię, delikatnie podlej wodą i duś do miękkości. Na koniec oprósz przyprawami i dodaj do przygotowanego puddingu.

263 KCAL KOLACJA B 6g T 8g W 48g

Spring rollsy z warzywami

SKŁADNIKI:

- 4 arkusze papieru ryżowego (36 g)
- ⅓ świeżego ogórka (83 g)
- 1 marchew (45 g)
- ⅓ czerwonej papryki (76,5 g)
- ⅓ dojrzałego awokado (46,5 g)
- 2 garście rukoli (40 g)
- 1 łyżeczka soku z cytryny (3 g)
- ¼ papryczki chili (5 g)
- 1½ łyżki sosu sojowego (tamari) (15 ml)

SPOSÓB PRZYGOTOWANIA:

Ogórek i marchewkę obierz i pokrój w słupki, paprykę pokrój w wąskie paseczki. Awokado obierz, pokrój w paski i skrop sokiem z cytryny. Papryczkę chili drobno posiekaj. Papier ryżowy nawilż letnią wodą, nałóż przygotowane warzywa, rukolę i skrop sosem sojowym. Zawijaj jak krokiety.

1 765 KCAL

442 KCAL ŚNIADANIE **B** 9g **T** 9g **W** 83g

Jaglanka z bananem i sosem orzechowym

SKŁADNIKI:

- 4 łyżki kaszy jaglanej (52 g)
- 1 szklanka mleka lub napoju kokosowego (250 ml)
- ¾ banana (150 g)
- 1 łyżeczka masła migdałowego (10 g)
- 1 łyżeczka soku z cytryny (3 g)
- ½ łyżeczki syropu klonowego (2,5 ml)

SPOSÓB PRZYGOTOWANIA:

Kaszę ugotuj na mleku według przepisu na opakowaniu. Dodaj pokrojonego w plasterki banana. Z masła, syropu i soku z cytryny przygotuj sos orzechowy i dodaj do jaglanki.

261 KCAL PRZEKĄSKA PORANNA **B** 6g **T** 8g **W** 50g

Pasta z oliwek

SKŁADNIKI:

- 2 kromki chleba żytniego na zakwasie (80 g)
- 6 czarnych marynowanych oliwek (15 g)
- 1 łyżeczka oliwy z oliwek extra virgin (5 g)
- 1 łyżka szczypiorku (5 g)
- ½ ząbka czosnku (2,5 g)
- 1 łyżeczka soku z cytryny (3 g)
- szczypta chili

SPOSÓB PRZYGOTOWANIA:

Zblenduj wszystkie składniki na gładką pastę. Podawaj z pieczywem.

DO POSIŁKU:

Woda z limonką i miętą

SKŁADNIKI:

- 1 szklanka wody (240 ml)
- 2 plastry limonki (40 g)
- 1 łyżka soku z limonki (6 g)
- 3 świeże liście mięty (3 g)
- kawałek imbiru wielkości kciuka

SPOSÓB PRZYGOTOWANIA:

Skórkę z limonki dobrze wyszoruj lub obierz. Pokrój limonkę i imbir w plastry. Wlej wodę mineralną, wyciśnij do niej sok i dodaj plastry limonki, imbiru oraz miętę. Możesz dodać kostki lodu.

544 KCAL OBIAD **B** 49g **T** 37g **W** 20g

Zupa indyjska z rybą

SKŁADNIKI:

- 160 g świeżego łososia
- ⅓ brokułu (166,5 g)
- 6 pomidorków koktajlowych (120 g)
- 5 łyżek mleczka kokosowego 18% tłuszczu (50 ml)
- 1 szklanka wody (240 ml)
- ⅓ łyżeczki oleju kokosowego extra virgin (5 g)
- 1 łyżeczka soku z cytryny (3 g)
- 1 ząbek czosnku (5 g)
- 4 liście świeżej bazylii (4 g)
- szczypta curry
- szczypta kurkumy
- szczypta kminku
- szczypta soli morskiej
- szczypta czarnego pieprzu
- 5 g świeżego imbiru

SPOSÓB PRZYGOTOWANIA:

Łososia pokrój na kawałki, skrop sokiem z cytryny, oprósz solą, pieprzem i odstaw na kilka minut. Imbir zetrzyj na tarce, czosnek przeciśnij przez praskę i podsmaż na oleju kokosowym. Brokuł podziel na różyczki, dodaj wodę, mleczko kokosowe, przyprawy i gotuj do miękkości. Dodaj łososia, czosnek, imbir i gotuj przez kilka minut. Pod koniec gotowania dodaj pokrojone pomidorki i bazylię.

192 KCAL PRZEKĄSKA WIECZORNA **B** 7g **T** 3g **W** 38g

Sałatka z kaszą jaglaną

SKŁADNIKI:

- 3½ łyżki kaszy jaglanej (45,5 g)
- 6 pomidorków koktajlowych (120 g)
- 4 czarne marynowane oliwki (10 g)
- 1 łyżka szczypiorku (5 g)
- ½ garści szpinaku (12,5 g)
- szczypta soli morskiej
- szczypta czarnego pieprzu

SPOSÓB PRZYGOTOWANIA:

Kaszę ugotuj według przepisu na opakowaniu. Pomidorki przekrój na połówki, szczypiorek posiekaj, oliwki pokrój w plasterki. Połącz wszystkie składniki.

326 KCAL KOLACJA **B** 23g **T** 22g **W** 12g

Frittata z brokułem

SKŁADNIKI:

- 2 jaja kurze, rozmiar L (146 g)
- ¼ brokułu (125 g)
- 6 pomidorków koktajlowych (120 g)
- 1 łyżka szczypiorku (5 g)
- ½ łyżeczki oleju kokosowego extra virgin (7,5 g)
- szczypta soli morskiej
- szczypta czarnego pieprzu

SPOSÓB PRZYGOTOWANIA:

Brokuł podziel na różyczki i podgotuj w osolonej wodzie przez 2–3 minuty. Pomidorki przekrój na połówki. Na patelni rozgrzej olej, wrzuć brokuł i smaż przez chwilę. Jaja wymieszaj z przyprawami i szczypiorkiem. Wlej masę jajeczną na patelnię z brokułem i smaż przez 1–2 minuty. Ułóż na wierzchu pomidorki i całość wstaw do piekarnika. Piecz w temperaturze 200°C przez około 7–8 minut. Gotową frittatę przełóż na talerz.

DO POSIŁKU:

1 szklanka ziołowej herbaty (240 ml)

DO IT.

1 953 KCAL

364 KCAL ŚNIADANIE **B** 26g **T** 25g **W** 10g

Placuszki kokosowe

SKŁADNIKI:

- 2 jaja kurze, rozmiar S (100 g)
- 4 łyżki mleczka kokosowego 18% tłuszczu (46 ml)
- 2 łyżki mąki kokosowej odtłuszczonej (26 g)
- ⅓ łyżeczki oleju kokosowego extra virgin (5 g)
- ⅕ łyżeczki sody oczyszczonej (1 g)
- szczypta soli himalajskiej

SPOSÓB PRZYGOTOWANIA:

Olej rozgrzej na patelni. Składniki dokładnie wymieszaj. Nakładaj masę łyżką na patelnię, formuj małe placuszki i smaż z obu stron.

DO POSIŁKU:

1 szklanka zielonej liściastej herbaty (240 ml)

392 KCAL PRZEKĄSKA PORANNA **B** 6g **T** 2g **W** 89g

Wakacyjny koktajl

SKŁADNIKI:

- plaster arbuza (350 g)
- ¼ melona (180 g)
- 3 garście borówek amerykańskich (150 g)
- ¼ szklanki mleka ryżowego (60 ml)
- ⅓ szklanki soku z aronii (80 g)
- 1 łyżka Maliny LIO Shake (opcjonalnie) (8 g)

SPOSÓB PRZYGOTOWANIA:

Zblenduj wszystkie składniki.

521 KCAL OBIAD **B** 65g **T** 17g **W** 36g

Polędwiczka wieprzowa z pieczarkami, cebulą i grillowanymi warzywami

SKŁADNIKI:

- 250 g polędwiczki wieprzowej
- 1 cebula (110 g)
- 2 ząbki czosnku (10 g)
- 10 świeżych uprawnych pieczarek (200 g)
- ½ łyżeczki oleju kokosowego extra virgin (7,5 g)
- szczypta soli himalajskiej
- szczypta czarnego pieprzu
- 3 szczypty suszonego majeranku

SPOSÓB PRZYGOTOWANIA:

Piekarnik rozgrzej do 180°C. Polędwiczkę przypraw i piecz około 25 minut. Cebulę, czosnek i pieczarki pokrój w cienkie plastry, podsmaż na oleju i przypraw. Polędwiczkę pokrój w plastry i podawaj z pieczarkami i cebulą.

Warzywa grillowane

SKŁADNIKI:

- ½ cukinii (100 g)
- ½ czerwonej papryki (115 g)
- ½ bakłażana (112 g)
- 2 łyżeczki natki pietruszki (12 g)
- ½ łyżeczki oliwy z oliwek extra virgin (2,5 g)
- szczypta soli himalajskiej
- szczypta pieprzu cayenne

SPOSÓB PRZYGOTOWANIA:

Cukinię i bakłażan pokrój w plasterki, a paprykę w paseczki. Warzywa skrop oliwą z oliwek, przypraw i posyp posiekaną natką pietruszki. Grilluj na patelni grillowej lub na ruszcie.

DO POSIŁKU:

1 szklanka wody mineralnej (240 ml)

307 KCAL PRZEKĄSKA WIECZORNA **B** 8g **T** 17g **W** 36g

Zupa buraczkowa z quinoą

SKŁADNIKI:

- 1 burak (105 g)
- 2 łyżki komosy ryżowej (quinoi) (28 g)
- ½ cebuli (55 g)
- 2 ząbki czosnku (10 g)
- 1 łyżeczka oleju kokosowego extra virgin (15 g)
- 1 łyżka soku z cytryny (6 g)
- ½ łyżki skórki z cytryny (8 g)
- 1 łyżeczka natki pietruszki (6 g)
- ½ łyżeczki suszonego tymianku (2 g)
- szczypta soli himalajskiej
- szczypta czarnego pieprzu

SPOSÓB PRZYGOTOWANIA:

Posiekaną cebulę, czosnek i tymianek podsmaż na rozgrzanym oleju. Przełóż wszystkie składniki oprócz komosy do garnka i zalej wodą do przykrycia składników. Gotuj przez około 20 minut. Komosę ryżową ugotuj według przepisu na opakowaniu. Zupę zblenduj, podawaj z komosą.

369 KCAL KOLACJA **B** 15g **T** 25g **W** 29g

Czerwona kapusta z boczkiem na ciepło

SKŁADNIKI:

- 3 szklanki czerwonej kapusty (330 g)
- 3 plastry boczku wieprzowego bez kości (30 g)
- ½ pęczka koperku (12,5 g)
- 2 łyżki nasion słonecznika (20 g)
- 1 łyżka octu jabłkowego (6 ml)
- 2 szczypty soli morskiej
- szczypta czarnego pieprzu
- szczypta kminku

SPOSÓB PRZYGOTOWANIA:

Na patelni krótko podsmaż boczek. Na drugiej patelni podduś kapustę z przyprawami. Kiedy kapusta zmięknie, dodaj do niej ocet jabłkowy. Kiedy odparuje płyn, dodaj boczek. Przełóż do naczynia i posyp posiekanym koperkiem oraz pestkami słonecznika.

DO POSIŁKU:

1 szklanka zielonej liściastej herbaty (240 ml)

2 384 KCAL

536 KCAL ŚNIADANIE **B** 42g **T** 37g **W** 16g

Jajecznica z boczniakami i pomidorkami koktajlowymi

SKŁADNIKI:

- 4 jaja kurze, rozmiar L (292 g)
- 1 łyżeczka masła klarowanego (7,5 g)
- 2 boczniaki (100 g)
- 6 pomidorków koktajlowych (120 g)
- ½ cebuli (55 g)
- szczypta soli himalajskiej
- szczypta czarnego pieprzu

SPOSÓB PRZYGOTOWANIA:

Cebulę pokrój w drobną kostkę, a boczniaki w paski. Cebulę i boczniaki podsmaż na rozgrzanym tłuszczu, następnie dodaj jaja i przyprawy, całość wymieszaj. Smaż do momentu, aż jaja się zetną. Podawaj z pomidorami koktajlowymi przekrojonymi na pół.

DO POSIŁKU:

1 szklanka wody mineralnej (240 ml)

340 KCAL PRZEKĄSKA PORANNA **B** 3g **T** 9g **W** 68g

Koktajl na ciepło z marchewki

SKŁADNIKI:

- 2 marchewki (90 g)
- 1 banan (200 g)
- 1 łyżeczka cukru kokosowego (10 g)
- ½ szklanki mleka lub napoju kokosowego (125 g)
- 1 łyżeczka masła klarowanego (7,5 g)
- szczypta mielonej kurkumy

SPOSÓB PRZYGOTOWANIA:

Ugotuj marchewkę, a następnie dodaj do niej rozgniecionego widelcem banana oraz resztę składników. Gotuj wszystko razem kilka minut, po czym zblenduj na koktajl.

806 KCAL OBIAD **B** 72g **T** 27g **W** 76g

Kotlety mielone z królika z *purée* chrzanowym

SKŁADNIKI:

- 240 g mięsa z królika (comber)
- 1 jajo kurze, rozmiar L (73 g)
- ¼ cebuli (27,5 g)
- 1 ząbek czosnku (5 g)
- 2 łyżeczki koperku (8 g)
- ¾ łyżeczki masła klarowanego (7,5 g)
- szczypta soli himalajskiej
- szczypta czarnego pieprzu

SPOSÓB PRZYGOTOWANIA:

Mięso zmiel w maszynce razem z cebulą i czosnkiem. Dodaj jajo, przyprawy, posiekany koperek i wymieszaj. Smaż na rozgrzanym tłuszczu z obu stron.

Purée chrzanowe

SKŁADNIKI:

- 4 ziemniaki (360 g)
- ½ łyżeczki chrzanu (2 g)
- ½ łyżeczki masła klarowanego (3,5 g)
- 2 szczypty soli morskiej

SPOSÓB PRZYGOTOWANIA:

Ziemniaki obierz i ugotuj w osolonej wodzie. Ugnieć z dodatkiem masła i chrzanu.

Ogórki kiszone z cebulką

SKŁADNIKI:

- 3 ogórki kiszone (180 g)
- ¼ cebuli (27,5 g)

SPOSÓB PRZYGOTOWANIA:

Ogórek pokrój w plastry, a cebulkę posiekaj. Wymieszaj składniki.

DO POSIŁKU:

1 szklanka wody mineralnej (240 ml)

278 KCAL PRZEKĄSKA WIECZORNA **B** 7g **T** 16g **W** 36g

Krem marchewkowo-pomidorowy z bazylią

SKŁADNIKI:

- 3 pomidory (240 g)
- 1 marchew (45 g)
- ¼ korzenia pietruszki (20 g)
- ¼ cebuli (27,5 g)
- 1 ziemniak (90 g)
- ½ ząbka czosnku (2,5 g)
- 1 łyżeczka masła klarowanego (7,5 g)
- 3 liście świeżej bazylii (3 g)
- 3 orzechy włoskie (12 g)
- szczypta kurkumy
- szczypta soli himalajskiej
- szczypta czarnego pieprzu

SPOSÓB PRZYGOTOWANIA:

Pomidory sparz, usuń skórkę i pokrój w kostkę. Pozostałe warzywa obierz i umyj, następnie również pokrój w kostkę. Na głębokiej patelni rozgrzej masło klarowane, dodaj cebulę, bardzo drobno pokrojony czosnek i podsmaż. Dodaj pozostałe warzywa i dolej wody, przypraw i duś do miękkości. Pod koniec gotowania dodaj świeżą bazylię i zblenduj. Udekoruj posiekanymi orzechami.

423 KCAL KOLACJA **B** 14g **T** 15g **W** 64g

Wrap bezglutenowy

SKŁADNIKI:

- 2/3 szklanki bezglutenowej mąki owsianej (70 g)
- 2/3 łyżki siemienia lnianego (6,5 g)
- 1/3 łyżeczki bezglutenowego proszku do pieczenia (1 g)
- 1/4 łyżeczki cukru kokosowego (2,5 g)
- 3 łyżki wody (45 ml)
- 1/4 łyżeczki oleju kokosowego extra virgin (3,5 g)
- szczypta soli himalajskiej

SPOSÓB PRZYGOTOWANIA:

Siemię zmiel w młynku, zalej dwiema łyżkami wrzątku i zblenduj. Do miski wsyp mąkę, sól, cukier, proszek do pieczenia i dokładnie wymieszaj. Dodaj siemię, olej i wymieszaj dłonią. Dolej pozostałą wodę, konsystencja powinna być gęsta i lepiąca. Wlej masę na rozgrzany tłuszcz i smaż z obu stron.

Dodatki do wrapu

SKŁADNIKI:

- 2 marchewki (90 g)
- 1/3 świeżego ogórka (83 g)
- 1/4 czerwonej papryki (57,5 g)
- 1/2 łyżeczki miodu pszczelego (6 g)
- 3/4 łyżeczki oliwy z oliwek extra virgin (3,5 g)
- 1 łyżeczka musztardy Dijon (10 g)

SPOSÓB PRZYGOTOWANIA:

Warzywa pokrój w słupki. Miód, musztardę i oliwę wymieszaj. Warzywa przełóż do wrapu i skrop sosem.

DO POSIŁKU:

1 szklanka wody mineralnej (240 ml)

2 960 KCAL

746 KCAL ŚNIADANIE B 16g T 12g W 152g

Budyń kakaowy z orzechami

SKŁADNIKI:

- ½ szklanki kaszy jaglanej (90 g)
- ¾ szklanki napoju ryżowego (180 ml)
- ¾ szklanki wody (180 ml)
- 1 banan (200 g)
- 1½ łyżki gorzkiego kakao (15 g)
- 2 niesiarkowane suszone daktyle (10 g)
- 3 orzechy laskowe (4,5 g)
- szczypta cynamonu

SPOSÓB PRZYGOTOWANIA:

Daktyle namocz i odstaw na minimum 15 minut. Przed ugotowaniem przepłucz kaszę 1–2 razy pod bieżącą zimną wodą. Kaszę ugotuj na mleku i wodzie z dodatkiem kakao według przepisu na opakowaniu. Do kaszy dodaj banana, daktyle, cynamon, następnie zblenduj wszystkie składniki. Jeśli masa jest zbyt rzadka, dodaj odrobinę mąki, na przykład jaglanej. Posyp budyń pokruszonymi orzechami.

DO POSIŁKU:

1 szklanka wody mineralnej (240 ml)

465 KCAL PRZEKĄSKA PORANNA **B** 8g **T** 10g **W** 90g

Zielony koktajl z ananasem

SKŁADNIKI:

- 2½ plastra ananasa (200 g)
- 1 jabłko (150 g)
- ¾ banana (150 g)
- 4 liście świeżej bazylii (4 g)
- garść szpinaku (25 g)
- 2 łyżki nasion chia (20 g)
- 1 łyżka soku z cytryny (6 g)
- 1 szklanka napoju kokosowego (250 ml)

SPOSÓB PRZYGOTOWANIA:

Zblenduj wszystkie składniki.

827 KCAL OBIAD **B** 72g **T** 45g **W** 48g

Spaghetti bolognese z makaronem z cukinii

SKŁADNIKI:

- 280 g rostbefu wołowego
- 3 pomidory (240 g)
- ¾ cukinii (150 g)
- 2 marchewki (90 g)
- 1 cebula (110 g)
- 3 ząbki czosnku (15 g)
- ½ szklanki wody (120 ml)
- 1½ łyżki masła klarowanego (22,5 g)
- 3 łyżki koncentratu pomidorowego 30% (75 g)
- 1 liść laurowy (1 g)
- szczypta soli morskiej
- szczypta czarnego pieprzu

SPOSÓB PRZYGOTOWANIA:

Cebulę i czosnek pokrój w drobną kostkę i podsmaż. Zmiel mięso, dodaj do cebuli i czosnku i smaż przez chwilę na klarowanym maśle. Pomidory sparz, usuń skórkę i pokrój w kostkę, marchew obierz i zetrzyj na tarce. Do podsmażonego mięsa dodaj pomidory, koncentrat, wodę, liść laurowy, przyprawy i duś na małym ogniu przez około 45 minut. Dodaj marchew i gotuj przez kolejne 5 minut. Cukinię umyj i za pomocą obieraczki lub spirali do warzyw przygotuj warzywny makaron. Makaron z cukinii wrzuć na pół minuty do garnka z wrzącą wodą, a następnie odcedź. Na talerzu ułóż makaron, dodaj mięsny sos.

DO POSIŁKU:

1 szklanka wody (240 ml) z cytryną (5 g)

351 KCAL PRZEKĄSKA WIECZORNA **B** 9g **T** 17g **W** 47g

Bakalie

- garść orzechów nerkowca (35 g)
- 4 niesiarkowane suszone morele (40 g)
- 1 łyżka niesiarkowanej suszonej żurawiny, bez dodatku cukru (12 g)

572 KCAL KOLACJA **B** 39g **T** 45g **W** 2g

Jajeczne muffiny w szynce

SKŁADNIKI:

- 3 jaja kurze, rozmiar L (219 g)
- 3 plastry szynki parmeńskiej (45 g)
- 2 łyżki szczypiorku (10 g)
- 1 łyżeczka oleju kokosowego extra virgin (15 g)
- 3 szczypty chili

SPOSÓB PRZYGOTOWANIA:

Formę na muffiny posmaruj tłuszczem. Na dnie foremek ułóż plastry szynki, do każdej wbij jajo i oprósz chili. Piecz w temperaturze 180°C przez około 15 minut. Muffiny posyp posiekanym szczypiorkiem.

DO POSIŁKU:

1 szklanka ziołowej herbaty (240 ml)

Diet

by Ann

→ DLA OSÓB AKTYWNYCH, TRENING KAŻDEGO DNIA

1 592 KCAL

400 KCAL ŚNIADANIE B 33g T 26g W 15g

Szakszuka

SKŁADNIKI:

- 2 pomidory (160 g)
- 3 jaja kurze, rozmiar L (219 g)
- ½ ząbka czosnku (2,5 g)
- ¼ łyżeczki oleju kokosowego extra virgin (3,5 g)
- szczypta ziół prowansalskich
- szczypta czarnego pieprzu
- szczypta soli himalajskiej

SPOSÓB PRZYGOTOWANIA:

Pomidory sparz, usuń skórkę i pokrój w kostkę. Wrzuć pomidory na patelnię, dodaj posiekany czosnek i przyprawy, smaż około 4 minut. Do podsmażonych pomidorów wbij jaja. Przykryj patelnię i duś przez około 3 minuty lub do momentu, aż jaja się zetną.

Szparagi

- ½ garści szparagów (190 g)

SPOSÓB PRZYGOTOWANIA:

Szparagi oczyść, odetnij końcówki i ugotuj.

DO POSIŁKU:

1 szklanka wody mineralnej (240 ml)

240 KCAL PRZED TRENINGIEM **B** 5g **T** 4g **W** 49g

Koktajl jaglany

SKŁADNIKI:

- 3 łyżki kaszy jaglanej (39 g)
- 1 szklanka truskawek (150 g)
- 1 szklanka napoju kokosowego (250 ml)
- 1 łyżeczka syropu klonowego (5 ml)

SPOSÓB PRZYGOTOWANIA:

Przed ugotowaniem przepłucz kaszę 1–2 razy pod bieżącą zimną wodą. Kaszę ugotuj według przepisu na opakowaniu. Zblenduj wszystkie składniki.

307 KCAL PO TRENINGU **B** 5g **T** 6g **W** 64g

Mus jagodowy

SKŁADNIKI:

- 1 szklanka czarnych jagód (130 g)
- 1 banan (200 g)
- 1 łyżka płatków migdałowych (10 g)

SPOSÓB PRZYGOTOWANIA:

Zblenduj wszystkie składniki. Udekoruj mus płatkami migdałowymi.

281 KCAL OBIAD **B** 40g **T** 11g **W** 15g

Stek z tuńczyka

SKŁADNIKI:

- 150 g świeżego tuńczyka
- szczypta soli himalajskiej
- szczypta czarnego pieprzu
- szczypta suszonego rozmarynu

SPOSÓB PRZYGOTOWANIA:

Tuńczyka oprósz przyprawami i grilluj na patelni po około minutę z każdej strony.

Sałatka ze szczawiu i botwinki

SKŁADNIKI:

- garść szczawiu (70 g)
- ⅓ pęczka botwinki (93 g)
- 1 pomidor (80 g)
- 3 rzodkiewki (45 g)
- 1 ogórek gruntowy (35 g)
- ½ łyżeczki oliwy z oliwek extra virgin (2,5 g)
- 1 łyżeczka soku z cytryny (3 g)
- szczypta czarnego pieprzu
- szczypta soli himalajskiej

SPOSÓB PRZYGOTOWANIA:

Szczaw i botwinkę umyj, osusz i ułóż na talerzu. Ogórek, rzodkiewkę i pomidor pokrój w plastry i ułóż na liściach. Skrop oliwą i sokiem z cytryny, oprósz przyprawami.

DO POSIŁKU:

1 szklanka wody mineralnej (240 ml)

181 KCAL PRZEKĄSKA **B** 4g **T** 9g **W** 28g

Bakalie

- 4 plastry suszonych jabłek (40 g)
- 1 łyżka migdałów (15 g)

183 KCAL KOLACJA **B** 9g **T** 6g **W** 31g

Zielona potrawka

SKŁADNIKI:

- ¼ garści szparagów (95 g)
- ½ pęczka jarmużu (125 g)
- 1 łodyga selera naciowego (45 g)
- ¼ łyżeczki oleju kokosowego extra virgin (3,5 g)
- szczypta czarnego pieprzu
- szczypta soli himalajskiej
- szczypta suszonego tymianku

SPOSÓB PRZYGOTOWANIA:

Umyte warzywa drobno pokrój. Olej rozgrzej na patelni, wrzuć warzywa, dodaj przyprawy i duś do miękkości. W razie potrzeby podlej wodą.

Kasza jaglana

- 2 łyżki kaszy jaglanej (26 g)

SPOSÓB PRZYGOTOWANIA:

Przed ugotowaniem przepłucz kaszę 1–2 razy pod bieżącą zimną wodą. Kaszę ugotuj według przepisu na opakowaniu.

DO POSIŁKU:

1 szklanka wody mineralnej (240 ml)

1 579 KCAL

346 KCAL ŚNIADANIE B 17g T 24g W 14g

Wytrawne placuszki z marchewką

SKŁADNIKI:

- 2 jaja kurze, rozmiar S (100 g)
- 3 łyżki mleka lub napoju kokosowego (45 ml)
- 1½ łyżki mąki kokosowej odtłuszczonej (19,5 g)
- 1 marchew (45 g)
- ¼ cebuli (27,5 g)
- ¾ łyżeczki oleju kokosowego extra virgin (11 g)
- 2 szczypty curry
- 2 szczypty soli morskiej
- 2 szczypty czarnego pieprzu
- ¼ łyżeczki suszonego oregano (1 g)
- ¼ łyżeczki słodkiej czerwonej papryki (1 g)

SPOSÓB PRZYGOTOWANIA:

Wymieszaj jaja z mlekiem, mąką, startą marchewką, cebulą i przyprawami. Rozpuść olej na patelni, uformuj z masy placuszki i smaż z obu stron.

DO POSIŁKU:

1 szklanka ziołowej herbaty (240 ml)

ФЭД-5В

171 KCAL PRZED TRENINGIEM **B** 4g **T** 3g **W** 32g

Owsianka cynamonowa ze śliwkami

SKŁADNIKI:

- 2 łyżki płatków owsianych bezglutenowych (20 g)
- ½ szklanki mleka lub napoju kokosowego (125 g)
- 3 suszone śliwki (21 g)
- ½ łyżeczki gorzkiego kakao (2,5 g)
- ⅕ łyżeczki cynamonu (2 g)
- ½ łyżeczki Żurawiny LIO Shake (opcjonalnie) (1 g)

SPOSÓB PRZYGOTOWANIA:

Namoczone płatki ugotuj na mleku kokosowym. Pod koniec gotowania dodaj pokrojone śliwki i pozostałe składniki.

253 KCAL PO TRENINGU **B** 19g **T** 7g **W** 32g

Shake białkowy à la piña colada

SKŁADNIKI:

- 2 plastry ananasa (160 g)
- 1 łyżka wiórków kokosowych (6 g)
- ¾ porcji białka ryżowego (22,5 g)
- ⅔ szklanki napoju kokosowego (166,5 ml)
- 1 łyżka soku z limonki (6 g)
- ½ łyżeczki Bio Maca (2,5 g)

SPOSÓB PRZYGOTOWANIA:

Zblenduj wszystkie składniki. Możesz dodać kostki lodu.

345 KCAL OBIAD **B** 36g **T** 15g **W** 22g

Zapiekanka z krewetkami i warzywami

SKŁADNIKI:

- 7 krewetek tygrysich (84 g)
- ½ cukinii (100 g)
- ¼ czerwonej papryki (57,5 g)
- ⅓ czerwonej cebuli (35 g)
- 5 pomidorków koktajlowych (100 g)
- 1 jajo kurze, rozmiar S (50 g)
- 1 łyżka odtłuszczonej mąki kokosowej (13 g)
- 2 łyżki mleczka kokosowego 18% tłuszczu (20 ml)
- 1 łyżeczka bezglutenowych płatków drożdżowych (5 g)
- ½ ząbka czosnku (2,5 g)
- ⅓ łyżeczki klarowanego masła (2,5 g)
- 1 łyżeczka świeżej kolendry (6 g)
- ⅕ łyżeczki soli morskiej (1 g)
- 2 szczypty czarnego pieprzu
- szczypta chili

SPOSÓB PRZYGOTOWANIA:

Rozgrzej piekarnik do 180°C. Krewetki umyj i oczyść. Pokrój cukinię w talarki, paprykę w kostkę, cebulę w piórka, a pomidorki przekrój na pół. Naczynie żaroodporne wysmaruj masłem i ułóż na dnie pokrojone warzywa, a na nich krewetki. Wymieszaj w miseczce jajo, mąkę, mleczko kokosowe, przeciśnięty przez praskę czosnek, sól i pieprz. Wylej masę na krewetki i warzywa. Całość posyp płatkami drożdżowymi. Piecz przez około 30 minut. Na koniec zapiekankę posyp posiekaną kolendrą i chili.

DO POSIŁKU:

1 szklanka wody mineralnej (240 ml)

178 KCAL PRZEKĄSKA **B** 18g **T** 6g **W** 14g

Sałatka z indykiem

SKŁADNIKI:

- 80 g mięsa z piersi indyka bez skóry
- ⅓ cebuli (36,5 g)
- 3 plastry suszonych pomidorów (21 g)
- 4 czarne marynowane oliwki (10 g)
- garść rukoli (20 g)
- ¼ łyżeczki oleju kokosowego extra virgin (3,5 g)
- szczypta soli morskiej
- szczypta ostrej czerwonej papryki
- ¼ łyżeczki ziół prowansalskich (1 g)

SPOSÓB PRZYGOTOWANIA:

Mięso pokrój w kostkę, przypraw solą, papryką i ziołami. Cebulę pokrój w piórka, pomidory i oliwki przekrój na pół. Rozpuść olej na patelni, usmaż mięso z dodatkiem cebuli i suszonych pomidorów. Wymieszaj rukolę z oliwkami, wyłóż na wierzch indyka z cebulą i pomidorami.

287 KCAL KOLACJA **B** 7g **T** 6g **W** 56g

Makaron z papryką i szpinakiem

SKŁADNIKI:

- ½ porcji makaronu ryżowego z tapioką i zieloną herbatą (50 g)
- ¼ czerwonej papryki (57,5 g)
- 2 garście szpinaku (50 g)
- ¼ łyżeczki oleju kokosowego extra virgin (3,5 g)
- 1 łyżeczka syropu z daktyli (8 ml)
- 1 łyżeczka natki pietruszki (6 g)
- ½ łyżeczki nasion sezamu (2,5 g)
- 1 łyżeczka sosu sojowego (tamari) (5 ml)
- szczypta słodkiej czerwonej papryki
- szczypta ostrej czerwonej papryki
- szczypta soli morskiej
- szczypta czarnego pieprzu
- szczypta suszonej bazylii

SPOSÓB PRZYGOTOWANIA:

Makaron przygotuj według przepisu na opakowaniu. Paprykę pokrój w cienkie paski i wrzuć ze szpinakiem na rozgrzany olej. Podsmaż przez kilka minut, następnie dodaj sos sojowy, syrop z daktyli i przyprawy. Gotowy makaron wymieszaj z warzywami. Podawaj z posiekaną natką pietruszki i sezamem.

DO POSIŁKU:

1 szklanka ziołowej herbaty (240 ml)

1 809 KCAL

339 KCAL ŚNIADANIE **B** 21g **T** 25g **W** 13g

Jajecznica z jarmużem

SKŁADNIKI:

- 2 jaja kurze, rozmiar M (126 g)
- 3 garście jarmużu (60 g)
- ¼ cebuli (27,5 g)
- 1 marchew (45 g)
- 1 łyżka nasion słonecznika (10 g)
- ½ łyżeczki oleju kokosowego extra virgin (7,5 g)
- szczypta soli morskiej
- szczypta czarnego pieprzu

SPOSÓB PRZYGOTOWANIA:

Z jarmużu usuń twarde łodyżki, posiekaj liście. Cebulę posiekaj, a marchewkę zetrzyj na tarce. Rozpuść olej na patelni, dodaj jarmuż, cebulę i marchewkę. Duś pod przykryciem przez około 5 minut. Roztrzep jaja widelcem, dodaj sól, pieprz i wlej na patelnię. Smaż do momentu, aż jaja się zetną. Przełóż na talerz i posyp nasionami słonecznika.

DO POSIŁKU:

1 szklanka ziołowej herbaty (240 ml)

238 KCAL PRZED TRENINGIEM **B** 2g **T** 3g **W** 54g

Kokosowo-ananasowy „napój mocy" dla sportowca

SKŁADNIKI:

- 2 plastry ananasa (160 g)
- ½ banana (100 g)
- ½ łyżeczki miodu pszczelego (6 g)
- ½ szklanki napoju kokosowego (125 ml)
- ½ łyżeczki nasion chia (2,5 g)
- ½ łyżeczki ekstraktu z wanilii (2 g)

SPOSÓB PRZYGOTOWANIA:

Zblenduj wszystkie składniki.
Możesz dodać wody, jeżeli koktajl jest za gęsty.

248 KCAL PO TRENINGU **B** 6g **T** 10g **W** 35g

Czerwona owsianka z masłem orzechowym

SKŁADNIKI:

- 2½ łyżki bezglutenowych płatków owsianych (25 g)
- ½ szklanki napoju lub mleka roślinnego (125 ml)
- garść truskawek (70 g)
- 1 łyżeczka masła z orzechów nerkowca (10 g)
- 1 łyżeczka suszonych jagód goji (4 g)
- ½ łyżki wiórków kokosowych (3 g)
- ½ łyżeczki miodu pszczelego (6 g)
- 2 szczypty cynamonu

SPOSÓB PRZYGOTOWANIA:

Namoczone wcześniej płatki owsiane zalej napojem roślinnym. Dodaj masło orzechowe, jagody goji, cynamon i dokładnie wymieszaj. Owsiankę możesz lekko podgrzać albo jeść na zimno. Przełóż do miseczki, dodaj pokrojone truskawki. Całość posyp wiórkami i polej miodem.

479 KCAL OBIAD **B** 6g **T** 10g **W** 93g

Buraczane kopytka

SKŁADNIKI:

- ½ batata (150 g)
- ½ ugotowanego buraka (60 g)
- 1½ łyżki mąki ziemniaczanej (37,5 g)
- 2 łyżki mąki ryżowej (24 g)
- ½ łyżeczki oleju kokosowego extra virgin (7,5 g)
- 2 szczypty soli morskiej
- 1 łyżeczka Buraka LIO Shake (opcjonalnie) (5 g)

SPOSÓB PRZYGOTOWANIA:

Batat obierz ze skórki, pokrój i piecz w naczyniu żaroodpornym do miękkości w 180°C. Batat i burak zblenduj na *purée*, przełóż do miski. Dodaj oba rodzaje mąki, opcjonalnie Burak LIO Shake i wymieszaj. Z powstałego ciasta uformuj długie walce grubości kciuka. Pokrój je na kopytka i ponacinaj.
Do garnka z gotującą się wodą dodaj sól oraz olej kokosowy. Wrzuć kopytka i gotuj do momentu ich wypłynięcia.

DO POSIŁKU:

Woda z truskawkami i miętą

SKŁADNIKI:

- 1 szklanka wody (240 ml)
- 1 łyżka soku z limonki (6 g)
- ½ garści truskawek (35 g)
- 3 liście świeżej mięty (3 g)

SPOSÓB PRZYGOTOWANIA:

Dodaj do wody sok z limonki, pokrojone truskawki i liście mięty. Możesz dodać kostki lodu.

138 KCAL PRZEKĄSKA **B** 3g **T** 8g **W** 14g

Bakalie

- 1 łyżka niesiarkowanej suszonej żurawiny, bez dodatku cukru (12 g)
- ½ garści orzechów nerkowca (17,5 g)

367 KCAL KOLACJA **B** 47g **T** 12g **W** 24g

Dorsz z pieczonymi warzywami

SKŁADNIKI:

- 200 g filetu z dorsza bez skóry
- 1 ugotowany burak (120 g)
- 2 marchewki (90 g)
- ½ cebuli (55 g)
- 1 łyżeczka oliwy z oliwek extra virgin (5 g)
- 2 szczypty soli morskiej
- 2 szczypty czarnego pieprzu
- 2 szczypty słodkiej czerwonej papryki
- 2 szczypty suszonego rozmarynu

SPOSÓB PRZYGOTOWANIA:

Piekarnik rozgrzej do 180°C. Marchewki podgotuj przez 10 minut. Burak, marchewki i cebulę pokrój w ćwiartki. Rybę i warzywa przypraw. Blachę wyłóż papierem do pieczenia, ułóż na niej dorsza oraz warzywa. Piecz przez około 30 minut. Gotowe warzywa skrop oliwą.

DO POSIŁKU:

1 szklanka wody mineralnej (240 ml)

1 786 KCAL

360 KCAL ŚNIADANIE **B** 21g **T** 27g **W** 8g

Omlet z boczkiem i pieczarkami

SKŁADNIKI:

- 2 jaja kurze, rozmiar M (126 g)
- 1 łyżka odtłuszczonej mąki kokosowej (13 g)
- 1 plaster boczku wieprzowego bez kości (10 g)
- 2 świeże uprawne pieczarki (40 g)
- ⅓ cebuli (36,5 g)
- 1 łyżka szczypiorku (5 g)
- ½ łyżeczki oleju kokosowego extra virgin (7,5 g)
- szczypta soli morskiej
- szczypta chili w proszku
- szczypta czarnego pieprzu

SPOSÓB PRZYGOTOWANIA:

Pokrój boczek i wrzuć na rozgrzaną patelnię, by tłuszcz się nieco wytopił. Pokrój pieczarki i cebulę, dodaj na patelnię i dopraw solą i chili. Podsmaż przez 5 minut, po czym zdejmij z patelni. Do miski wbij jaja, dodaj mąkę, sól, pieprz i roztrzep całość. Rozpuść olej kokosowy na czystej patelni, wlej masę jajeczną i przykryj. Gdy masa się zetnie, przerzuć omlet na drugą stronę. Na omlet wyłóż przygotowany wcześniej boczek z pieczarkami i posyp posiekanym szczypiorkiem, złóż na pół i wyłóż na talerz.

DO POSIŁKU:

1 szklanka ziołowej herbaty (240 ml)

185 KCAL PRZED TRENINGIEM B 5g **T** 5g **W** 29g

Owsianka przed treningiem

SKŁADNIKI:

- 2 łyżki bezglutenowych płatków owsianych (20 g)
- ½ szklanki mleka lub napoju kokosowego (125 ml)
- ½ łyżeczki nasion chia (2,5 g)
- 1 łyżka suszonych jagód goji (8 g)
- 2 orzechy nerkowca (3 g)
- ½ łyżeczki cukru kokosowego (5 g)
- 1 łyżeczka Aronia LIO Shake (opcjonalnie) (3 g)

SPOSÓB PRZYGOTOWANIA:

Płatki zalej mlekiem kokosowym.
Posiekaj orzechy i wymieszaj całość.

263 KCAL PO TRENINGU **B** 15g **T** 12g **W** 30g

Koktajl z awokado i pomarańczy

SKŁADNIKI:

- ½ dojrzałego awokado (70 g)
- ½ pomarańczy (125 g)
- ½ porcji białka ryżowego (15 g)
- 2 niesiarkowane suszone daktyle (10 g)
- ½ łyżeczki Bio Maca (2,5 g)
- ½ łyżeczki ekstraktu z wanilii (2 g)

SPOSÓB PRZYGOTOWANIA:

Daktyle namocz przez 10 minut we wrzątku. Zblenduj wszystkie składniki. Możesz dolać wody, aby uzyskać pożądaną konsystencję.

423 KCAL OBIAD **B** 37g **T** 3g **W** 61 G

Filet z kaczki w marynacie z ryżem

SKŁADNIKI:

- 100 g filetu z piersi kaczki bez skóry
- ⅓ czerwonej cebuli (35 g)
- 2 łyżki soku z cytryny (12 g)
- ½ ząbka czosnku (2,5 g)
- 1 łyżka sosu sojowego (tamari) (10 ml)
- ⅕ łyżeczki suszonego tymianku
- szczypta soli morskiej
- szczypta czarnego pieprzu

SPOSÓB PRZYGOTOWANIA:

Przygotuj marynatę, mieszając sok z cytryny, sos sojowy, posiekany czosnek, tymianek, sól i pieprz. Mięso włóż do naczynia żaroodpornego i zalej marynatą. Dodaj pokrojoną na mniejsze kawałki cebulę. Piecz mięso przez około 30 minut w piekarniku w 180°C.

Ryż z suszonymi pomidorami

SKŁADNIKI:

- ⅓ szklanki ryżu basmati (60 g)
- 3 plastry suszonych pomidorów (21 g)
- 2 szczypty soli morskiej
- szczypta czarnego pieprzu
- ¼ łyżeczki suszonej bazylii (1 g)

SPOSÓB PRZYGOTOWANIA:

Ryż ugotuj według przepisu na opakowaniu. Dodaj pokrojone pomidory, przyprawy i wymieszaj.

DO POSIŁKU:

1 szklanka wody mineralnej (240 ml)

190 KCAL PRZEKĄSKA **B** 17g **T** 9g **W** 18g

Sałatka z szynką

SKŁADNIKI:

- 2 plastry szynki dojrzewającej (30 g)
- 4 świeże uprawne pieczarki (80 g)
- ½ czerwonej papryki (115 g)
- ⅓ brokułu (150 g)
- ¼ łyżeczki oleju kokosowego extra virgin (3,5 g)
- szczypta soli morskiej
- szczypta czarnego pieprzu
- ¼ łyżeczki suszonego oregano (1 g)

SPOSÓB PRZYGOTOWANIA:

Brokuł podziel na różyczki i ugotuj w osolonej wodzie. Pieczarki pokrój w ćwiartki, paprykę w paski. Olej rozgrzej na patelni, wrzuć pieczarki i paprykę. Smaż kilka minut, dopraw do smaku. Na tej samej patelni podsmaż szynkę. Ułóż na talerzu ugotowane brokuły, pieczarki, paprykę oraz szynkę.

366 KCAL KOLACJA **B** 12g **T** 10g **W** 63g

Jaglanka z warzywami

SKŁADNIKI:

- ⅓ szklanki kaszy jaglanej (60 g)
- ½ cukinii (100 g)
- ½ zielonej papryki (70 g)
- ½ cebuli (55 g)
- 1 ząbek czosnku (5 g)
- 5 pomidorków koktajlowych (100 g)
- 1 łyżka koncentratu pomidorowego 30% (25 g)
- ½ łyżeczki oleju kokosowego extra virgin (7,5 g)
- szczypta soli morskiej
- 2 szczypty czarnego pieprzu
- ¼ łyżeczki ziół prowansalskich (1 g)
- szczypta kurkumy

SPOSÓB PRZYGOTOWANIA:

Przed ugotowaniem przepłucz kaszę 1–2 razy pod bieżącą zimną wodą. Kaszę ugotuj według przepisu na opakowaniu. Pokrój cukinię, paprykę i cebulę, następnie podsmaż na oleju. Dodaj przeciśnięty przez praskę czosnek i pokrojone pomidorki, dopraw do smaku. Duś jeszcze przez chwilę. Wymieszaj warzywa z kaszą i koncentratem pomidorowym.

DO POSIŁKU:

1 szklanka ziołowej herbaty (240 ml)

1 961 KCAL

470 KCAL ŚNIADANIE B 38g T 33g W 10g

Pasta z łososia i awokado

SKŁADNIKI:

- 100 g świeżego łososia
- 2 jaja kurze, rozmiar M (126 g)
- ⅓ dojrzałego awokado (46,5 g)
- 1 łyżka skórki z cytryny (16 g)
- 3 łyżki soku z cytryny (18 g)
- 3 łyżki szczypiorku (15 g)
- 2 szczypty soli morskiej
- 2 szczypty czarnego pieprzu
- 2 szczypty chili w proszku

SPOSÓB PRZYGOTOWANIA:

Łososia przypraw solą i pieprzem, przygotuj bez dodatku tłuszczu – ugotuj na parze, usmaż, grilluj lub upiecz w piekarniku. Jaja ugotuj na twardo i obierz. Zblenduj łososia z jajami, awokado, skórką i sokiem z cytryny oraz przyprawami. Dodaj do pasty posiekany szczypiorek i wymieszaj.

DO POSIŁKU:

1 szklanka ziołowej herbaty (240 ml)

245 KCAL PRZED TRENINGIEM **B** 6g **T** 2g **W** 54g

Jaglanka z jabłkiem

SKŁADNIKI:

- ¼ szklanki kaszy jaglanej (45 g)
- ½ jabłka (75 g)
- ½ łyżki niesiarkowanych rodzynek (7,5 g)
- 1 łyżeczka suszonych jagód goji (4 g)
- ¼ łyżeczki miodu pszczelego (3 g)
- 2 szczypty mielonego cynamonu
- goździki (0,5 g)
- szczypta mielonego kardamonu
- 1 łyżeczka Truskawki LIO Shake (opcjonalnie) (2 g)

SPOSÓB PRZYGOTOWANIA:

Rodzynki i jagody goji namocz w gorącej wodzie przez około 10 minut. Ugotowaną dzień wcześniej kaszę możesz lekko podgrzać. Dodaj miód oraz przyprawy i wymieszaj. Pokrój w kostkę jabłko. Wymieszaj jaglankę z jabłkiem i bakaliami.

247 KCAL PO TRENINGU **B** 4g **T** 3g **W** 51g

Energetyzujący koktajl

SKŁADNIKI:

- 1½ łyżeczki naturalnej kawy mielonej (3 g)
- 2 łyżki bezglutenowych płatków owsianych (20 g)
- ½ banana (100 g)
- 1 łyżeczka miodu pszczelego (12 g)
- ¾ szklanki napoju kokosowego (187,5 ml)
- 2 szczypty cynamonu

SPOSÓB PRZYGOTOWANIA:

Kawę zalej niewielką ilością wrzącej wody i odstaw do zaparzenia. Zlej kawę bez fusów. Zblenduj wszystkie składniki.

#FRIENDS

403 KCAL OBIAD **B** 34g **T** 19g **W** 33g

Polędwiczka wieprzowa

SKŁADNIKI:

- 120 g polędwiczek wieprzowych
- ½ ząbka czosnku (2,5 g)
- ½ cebuli (55 g)
- 2 szczypty soli himalajskiej
- 2 szczypty czarnego pieprzu
- szczypta ostrej czerwonej papryki
- 3 szczypty suszonego majeranku
- szczypta suszonego tymianku
- ¼ łyżeczki słodkiej czerwonej papryki (1 g)

SPOSÓB PRZYGOTOWANIA:

Polędwiczkę natrzyj przyprawami i posiekanym czosnkiem. Włóż do naczynia żaroodpornego i obłóż cebulą. Piecz pod przykryciem przez około 30 minut w 190°C.

Kolorowa sałatka

SKŁADNIKI:

- 1 szklanka czerwonej kapusty (110 g)
- 2 marchewki (90 g)
- ⅓ dojrzałego awokado (46,5 g)
- ⅓ czerwonej papryki (76,5 g)
- ⅔ łyżeczki oleju lnianego (3 ml)
- 1 łyżeczka masła migdałowego (10 g)
- 2 łyżki soku z cytryny (12 g)
- 1 łyżeczka sosu sojowego (tamari) (5 ml)
- szczypta soli morskiej
- szczypta czarnego pieprzu
- szczypta kurkumy

SPOSÓB PRZYGOTOWANIA:

Kapustę poszatkuj, marchew zetrzyj na tarce, awokado i paprykę pokrój w kostkę. Przygotuj sos, mieszając olej, masło migdałowe, sos sojowy, sok z cytryny oraz przyprawy. Warzywa wymieszaj w misce z sosem.

DO POSIŁKU:

1 szklanka wody mineralnej (240 ml)

196 KCAL PRZEKĄSKA **B** 3g **T** 11g **W** 27g

Lekka koktajlowa moc

SKŁADNIKI:

- 1 jabłko (150 g)
- ¼ świeżego ogórka (62,5 g)
- ½ dojrzałego awokado (70 g)
- 1 łyżeczka Truskawki LIO Shake (opcjonalnie) (2 g)

SPOSÓB PRZYGOTOWANIA:

Wszystkie składniki zblenduj.

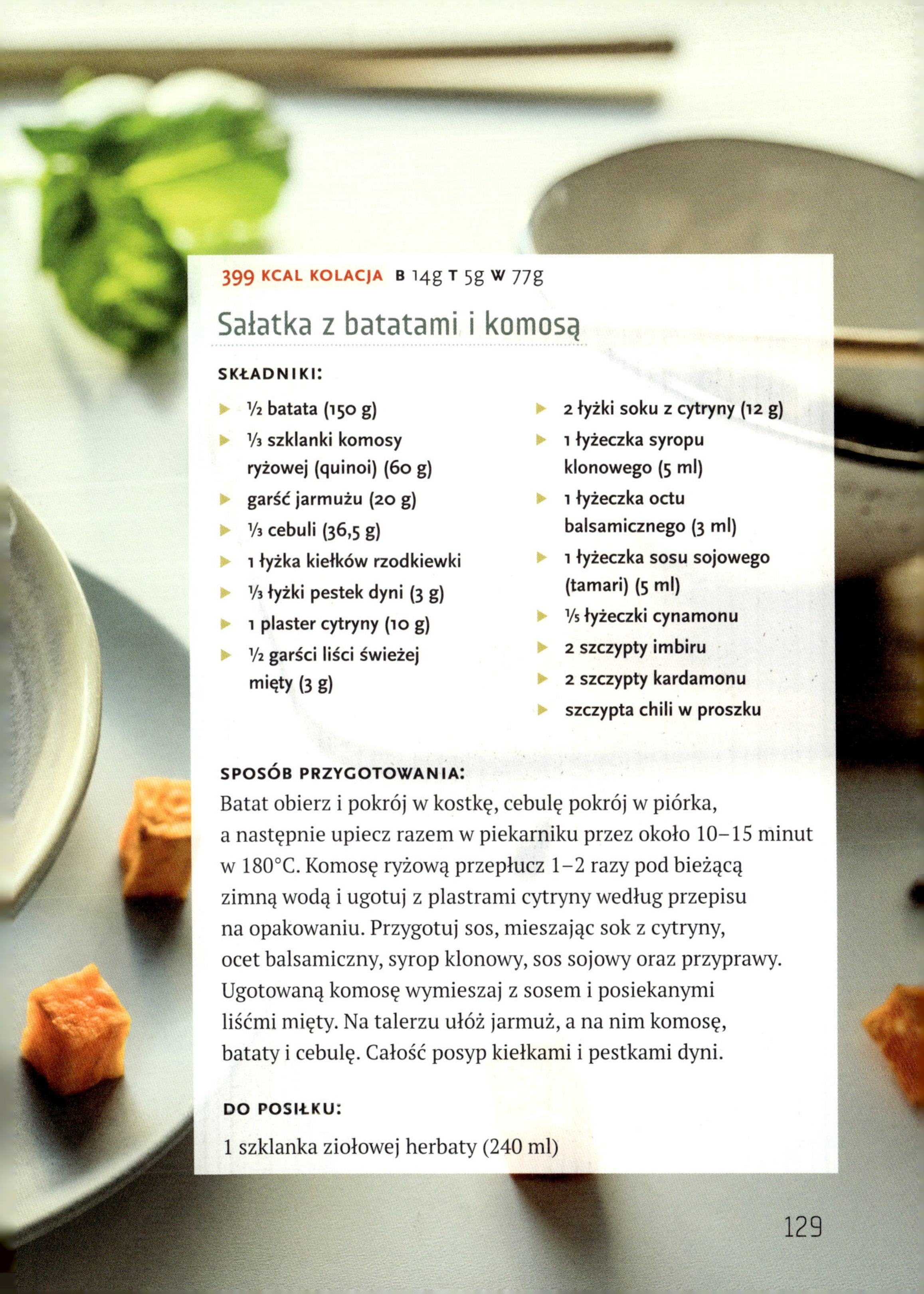

399 KCAL KOLACJA **B** 14g **T** 5g **W** 77g

Sałatka z batatami i komosą

SKŁADNIKI:

- ½ batata (150 g)
- ⅓ szklanki komosy ryżowej (quinoi) (60 g)
- garść jarmużu (20 g)
- ⅓ cebuli (36,5 g)
- 1 łyżka kiełków rzodkiewki
- ⅓ łyżki pestek dyni (3 g)
- 1 plaster cytryny (10 g)
- ½ garści liści świeżej mięty (3 g)
- 2 łyżki soku z cytryny (12 g)
- 1 łyżeczka syropu klonowego (5 ml)
- 1 łyżeczka octu balsamicznego (3 ml)
- 1 łyżeczka sosu sojowego (tamari) (5 ml)
- ⅕ łyżeczki cynamonu
- 2 szczypty imbiru
- 2 szczypty kardamonu
- szczypta chili w proszku

SPOSÓB PRZYGOTOWANIA:

Batat obierz i pokrój w kostkę, cebulę pokrój w piórka, a następnie upiecz razem w piekarniku przez około 10–15 minut w 180°C. Komosę ryżową przepłucz 1–2 razy pod bieżącą zimną wodą i ugotuj z plastrami cytryny według przepisu na opakowaniu. Przygotuj sos, mieszając sok z cytryny, ocet balsamiczny, syrop klonowy, sos sojowy oraz przyprawy. Ugotowaną komosę wymieszaj z sosem i posiekanymi liśćmi mięty. Na talerzu ułóż jarmuż, a na nim komosę, bataty i cebulę. Całość posyp kiełkami i pestkami dyni.

DO POSIŁKU:

1 szklanka ziołowej herbaty (240 ml)

1 968 KCAL

431 KCAL ŚNIADANIE **B** 23g **T** 32g **W** 11g

Omlet z masłem migdałowym

SKŁADNIKI:

- 2 jaja kurze, rozmiar M (126 g)
- 1 łyżka odtłuszczonej mąki kokosowej (13 g)
- 2 łyżki mleka kokosowego (30 ml)
- 1 łyżka masła migdałowego (20 g)
- 1 łyżka wiórków kokosowych (6 g)
- ¼ łyżeczki oleju kokosowego extra virgin (3,5 g)
- szczypta soli morskiej

SPOSÓB PRZYGOTOWANIA:

Do miski wbij jaja, dodaj wiórki, mleko kokosowe, mąkę, sól i roztrzep całość. Rozpuść tłuszcz na patelni, wlej masę i przykryj. Gdy masa się zetnie, omlet przerzuć na drugą stronę. Omlet wyłóż na talerz i posmaruj masłem migdałowym.

DO POSIŁKU:

1 szklanka liściastej zielonej herbaty (240 ml)

183 KCAL PRZED TRENINGIEM **B** 3g **T** 1g **W** 45g

Koktajl z kiwi

SKŁADNIKI:

- 2 kiwi (150 g)
- 1 plaster ananasa (80 g)
- ¼ banana (50 g)
- 2 łyżki soku z limonki (12 g)
- ⅓ szklanki wody (80 ml)
- 1 łyżeczka Szpinaku LIO Shake (opcjonalnie) (2 g)

SPOSÓB PRZYGOTOWANIA:

Zblenduj wszystkie składniki.

297 KCAL PO TRENINGU **B** 19g **T** 9g **W** 35g

Proteinowa jaglanka

SKŁADNIKI:

- 2½ łyżki kaszy jaglanej j (32,5 g)
- ½ szklanki mleka migdałowego (120 ml)
- 1 łyżeczka masła migdałowego (10 g)
- ½ porcji białka ryżowego (15 g)
- plaster pomarańczy (40 g)
- ½ g goździków
- ¼ łyżeczki cynamonu (1 g)
- 1 łyżeczka Żurawiny LIO Shake (opcjonalnie) (2 g)

SPOSÓB PRZYGOTOWANIA:

Przed ugotowaniem przepłucz kaszę 1–2 razy pod bieżącą zimną wodą. Kaszę ugotuj na mleku migdałowym, dodaj otartą skórkę z pomarańczy. W razie potrzeby dolej trochę wody. Do ugotowanej gorącej kaszy dodaj masło migdałowe i ryżowe białko. Dodaj zmiażdżone goździki i cynamon, udekoruj pokrojoną pomarańczą. Opcjonalnie całość możesz posypać LIO Shake o smaku żurawiny.

431 KCAL OBIAD **B** 45g **T** 15g **W** 36g

Filet z kurczaka z brokułowym *purée*

SKŁADNIKI:

- 150 g mięsa z piersi kurczaka bez skóry
- 1 łyżeczka natki pietruszki (6 g)
- 5 plastrów suszonych pomidorów (35 g)
- 2 garście rukoli (40 g)
- szczypta soli morskiej
- szczypta czarnego pieprzu
- 2 szczypty ziół prowansalskich

SPOSÓB PRZYGOTOWANIA:

Mięso dopraw i ugotuj na parze lub usmaż na patelni bez tłuszczu. Posyp posiekaną natką pietruszki. Podawaj z suszonymi pomidorami i rukolą.

Purée brokułowe

SKŁADNIKI:

- ½ brokułu (250 g)
- ½ cebuli (55 g)
- ½ szklanki wody (120 ml)
- ¾ łyżeczki oleju kokosowego extra virgin (11 g)
- ¼ łyżeczki soli morskiej (1,5 g)
- 2 szczypty czarnego pieprzu
- ⅕ łyżeczki kurkumy (1 g)

SPOSÓB PRZYGOTOWANIA:

Cebulę pokrój w kostkę, brokuł podziel na różyczki. W garnku rozgrzej tłuszcz, zeszklij na nim cebulę. Dodaj brokuł i wodę. Gdy brokuł będzie miękki, dodaj przyprawy i wszystko zmiksuj.

DO POSIŁKU:

1 szklanka wody mineralnej (240 ml)

227 KCAL PRZEKĄSKA **B** 30g **T** 5g **W** 17g

Sałatka z kurczakiem i rukolą

SKŁADNIKI:

- 120 g mięsa z piersi kurczaka bez skóry
- garść rukoli (20 g)
- 3 plastry suszonych pomidorów (21 g)
- 1 pomidor lub 5 pomidorków koktajlowych (80 g)
- ½ łyżeczki masła migdałowego (5 g)
- 1 łyżka soku z cytryny (6 g)
- 1 łyżeczka musztardy Dijon (10 g)
- szczypta soli morskiej
- szczypta czarnego pieprzu
- ¼ łyżeczki ziół prowansalskich (1 g)
- szczypta kurkumy

SPOSÓB PRZYGOTOWANIA:

Mięso pokrój w kostkę i dopraw. Ugotuj na parze lub usmaż na patelni bez tłuszczu. Pokrój świeże i suszone pomidory w kostkę. Połącz masło migdałowe z musztardą, sokiem z cytryny i kurkumą. Sos wymieszaj z rukolą. Dodaj kurczaka i pomidory.

400 KCAL KOLACJA B 8g T 9g W 77g

Frytki z batatów

SKŁADNIKI:

- 1 batat (300 g)
- ⅓ łyżeczki oleju kokosowego extra virgin (5 g)
- ¼ łyżeczki suszonego tymianku (1 g)
- ⅕ łyżeczki soli morskiej (1 g)
- 2 szczypty ostrej czerwonej papryki

SPOSÓB PRZYGOTOWANIA:

Batat pokrój w słupki. Skrop rozpuszczonym olejem kokosowym i oprósz przyprawami. Piecz w temperaturze 220°C przez około 20 minut.

Domowy ketchup

SKŁADNIKI:

- 3 pomidory (240 g)
- 1 ząbek czosnku (5 g)
- ½ łyżeczki oliwy z oliwek extra virgin (2,5 g)
- ½ łyżeczki cukru kokosowego (5 g)
- ½ łyżeczki octu jabłkowego (1,5 ml)
- 1 łyżeczka musztardy Dijon (10 g)
- szczypta ostrej czerwonej papryki
- szczypta ziół prowansalskich
- szczypta soli morskiej
- szczypta czarnego pieprzu

SPOSÓB PRZYGOTOWANIA:

Pomidory sparz i usuń skórkę. Zmiksuj wszystkie składniki.

DO POSIŁKU:

1 szklanka ziołowej herbaty (240 ml)

2 411 KCAL

468 KCAL ŚNIADANIE B 39g T 34g W 2g

Jajecznica z szynką i szczypiorkiem

SKŁADNIKI:

- 3 jaja kurze, rozmiar L (219 g)
- 3 plastry szynki parmeńskiej (45 g)
- 2 łyżki szczypiorku (10 g)
- ¼ łyżeczki oleju kokosowego extra virgin (3,5 g)
- 3 szczypty czarnego pieprzu
- 3 szczypty soli morskiej

SPOSÓB PRZYGOTOWANIA:

Na patelni rozpuść olej. Wbij jaja i delikatnie wymieszaj, dodaj sól i pieprz. Gdy jaja zaczną się ścinać, dodaj pokrojoną w kostkę szynkę oraz posiekany szczypiorek i smaż jeszcze przez chwilę. Przełóż jajecznicę na talerz.

161 KCAL PRZED TRENINGIEM B 4g T 1g W 42g

Zastrzyk energii

SKŁADNIKI:

- ½ buraka (52,5 g)
- 1 jabłko (150 g)
- garść szpinaku (25 g)
- ½ marchewki (22,5 g)
- ½ pomarańczy (125 g)
- plaster świeżego imbiru (10 g)
- szczypta pieprzu cayenne
- szczypta czarnego pieprzu

SPOSÓB PRZYGOTOWANIA:

Warzywa i owoce umyj, obierz i zblenduj z dodatkiem wody. Dodaj przyprawy i wymieszaj.

410 KCAL PO TRENINGU B 29g T 9g W 54g

Koktajl bananowy z białkiem

SKŁADNIKI:

- 1 banan (200 g)
- 1 porcja białka wołowego (30 g)
- ½ łyżeczki masła migdałowego (5 g)
- 1 szklanka mleka migdałowego (240 ml)
- ½ łyżeczki ekstraktu z wanilii (2 g)

SPOSÓB PRZYGOTOWANIA:
Zblenduj zamrożonego banana z pozostałymi składnikami do uzyskania jednolitej konsystencji.

785 KCAL OBIAD **B** 60g **T** 20g **W** 112g

Indyk w sosie grzybowym z kaszą jaglaną

SKŁADNIKI:

- 150 g mięsa z piersi indyka bez skóry
- garść różnych suszonych grzybów (20 g)
- 1 czerwona papryka (230 g)
- ¾ cebuli (82,5 g)
- 1 ząbek czosnku (5 g)
- ¼ szklanki mleczka kokosowego 18% tłuszczu (57,5 ml)
- ⅓ łyżeczki klarowanego masła (2,5 g)
- 2 łyżeczki natki pietruszki (12 g)
- 1 łyżka odtłuszczonej mąki kokosowej (13 g)
- 2 liście świeżego lubczyku (2 g)
- ½ łyżeczki słodkiej czerwonej papryki (2 g)
- 3 szczypty curry
- ⅓ łyżeczki suszonego tymianku (1 g)
- 2 szczypty czarnego pieprzu
- ¼ łyżeczki soli morskiej (1,5 g)

SPOSÓB PRZYGOTOWANIA:

Pokrój mięso w kostkę i wymieszaj z solą, pieprzem, słodką papryką, curry i tymiankiem. Pokrój paprykę w kostkę, posiekaj cebulę i czosnek. Rozgrzej tłuszcz na patelni i podsmaż pokrojone warzywa oraz namoczone wcześniej grzyby, po kilku minutach dodaj mięso. Duś całość około 15 minut. Rozmieszaj mąkę z niewielką ilością wody i z mleczkiem kokosowym, wlej zawiesinę pod koniec gotowania. Dopraw do smaku solą, pieprzem i lubczykiem. Posyp posiekaną natką pietruszki.

Kasza jaglana

SKŁADNIKI:

- ½ szklanki kaszy jaglanej (90 g)
- 2 szczypty soli morskiej

SPOSÓB PRZYGOTOWANIA:

Przed ugotowaniem przepłucz kaszę 1–2 razy pod bieżącą zimną wodą. Kaszę ugotuj według przepisu na opakowaniu, dodaj sól.

276 KCAL PRZEKĄSKA **B** 6g **T** 17g **W** 28g

Bakalie

- 2 łyżki niesiarkowanej suszonej żurawiny, bez dodatku cukru (24 g)
- garść orzechów nerkowca (35 g)

311 KCAL KOLACJA **B** 8g **T** 10g **W** 53g

Sałatka z kaszą, burakami i natką pietruszki

SKŁADNIKI:

- 2 ugotowane buraki (240 g)
- 3 łyżki kaszy jaglanej (39 g)
- 2 łyżeczki natki pietruszki (12 g)
- 2 szczypty czarnego pieprzu
- 2 szczypty soli morskiej

SPOSÓB PRZYGOTOWANIA:

Przed ugotowaniem przepłucz kaszę 1–2 razy pod bieżącą zimną wodą. Kaszę ugotuj według przepisu na opakowaniu. Buraki pokrój w kostkę, a natkę pietruszki posiekaj. Wszystkie składniki wymieszaj.

3 002 KCAL

694 KCAL ŚNIADANIE B 42g T 50g W 26g

Jaja faszerowane suszonymi pomidorami i awokado

SKŁADNIKI:

- 4 jaja kurze, rozmiar L (292 g)
- 1 dojrzałe awokado (140 g)
- 4 plastry suszonych pomidorów (28 g)
- szczypta soli himalajskiej
- szczypta czarnego pieprzu
- szczypta suszonego tymianku

SPOSÓB PRZYGOTOWANIA:

Jaja ugotuj na twardo. Przekrój je na pół i wyjmij żółtka. Do miski wrzuć żółtka i pozostałe składniki, zblenduj. Farszem wypełnij białka.

DO POSIŁKU:

1 szklanka wody (240 ml)

319 KCAL PRZED TRENINGIEM B 6g T 12g W 52g

Jaglanka z musem bananowym

SKŁADNIKI:

- 2½ łyżki kaszy jaglanej (32,5 g)
- ½ dojrzałego awokado (70 g)
- ½ banana (100 g)

SPOSÓB PRZYGOTOWANIA:

Przed ugotowaniem przepłucz kaszę 1–2 razy pod bieżącą zimną wodą. Kaszę ugotuj według przepisu na opakowaniu. Banana zblenduj z awokado. Kaszę polej musem bananowym.

366 KCAL PO TRENINGU **B** 27g **T** 4g **W** 56g

Czekoladowo-bananowy koktajl proteinowy

SKŁADNIKI:

- ¾ banana (150 g)
- ½ szklanki mleka ryżowego (120 ml)
- 1 łyżeczka gorzkiego kakao (5 g)
- 1 porcja białka ryżowego (30 g)
- 1 łyżeczka Szpinaku LIO Shake (opcjonalnie) (2 g)

SPOSÓB PRZYGOTOWANIA:

Zblenduj wszystkie składniki.

766 KCAL OBIAD **B** 70g **T** 5g **W** 113g

Ryż z cytrynowym kurczakiem i brokułowym *purée**

RYŻ

- ¾ szklanki ryżu basmati (135 g)

SPOSÓB PRZYGOTOWANIA:

Przed ugotowaniem przepłucz ryż 1–2 razy pod bieżącą zimną wodą. Ryż ugotuj według przepisu na opakowaniu.

CYTRYNOWY KURCZAK ZE SZPINAKIEM

SKŁADNIKI:

- 250 g mięsa z piersi kurczaka bez skóry
- 1 łyżka soku z cytryny (6 g)
- 1 łyżka skórki z cytryny (16 g)
- 4 garście szpinaku (100 g)
- szczypta soli himalajskiej
- szczypta czarnego pieprzu
- szczypta suszonego tymianku

SPOSÓB PRZYGOTOWANIA:

Mięso oprósz przyprawami, posyp skórką z cytryny i skrop sokiem, na wierzch dodaj szpinak. Piecz pod przykryciem w piekarniku rozgrzanym do 190°C przez około 30 minut.

* Zachowaj minimum 30-minutowy odstęp między spożyciem ryżu a kurczaka i *purée*.

PURÉE BROKUŁOWE

SKŁADNIKI:

- ¼ brokułu (125 g)
- 1 łyżeczka koperku (4 g)
- szczypta soli himalajskiej
- szczypta czarnego pieprzu

SPOSÓB PRZYGOTOWANIA

Brokuł ugotuj i zblenduj. Wymieszaj *purée* z posiekanym koperkiem.

DO POSIŁKU:

1 szklanka wody mineralnej (240 ml)

255 KCAL PRZEKĄSKA **B** 7g **T** 17g **W** 24g

Bakalie

- garść orzechów nerkowca (35 g)
- 2 niesiarkowane suszone morele (20 g)

602 KCAL KOLACJA **B** 15g **T** 24g **W** 89g

Sałatka z awokado i suszonymi pomidorami

SKŁADNIKI:

- ½ szklanki kaszy jaglanej (90 g)
- 1 dojrzałe awokado (140 g)
- 4 plastry suszonych pomidorów (28 g)
- 1 łyżeczka natki pietruszki (6 g)
- szczypta soli himalajskiej
- szczypta czarnego pieprzu

SPOSÓB PRZYGOTOWANIA:

Przed ugotowaniem przepłucz kaszę 1–2 razy pod bieżącą zimną wodą. Kaszę ugotuj według przepisu na opakowaniu. Awokado pokrój w drobną kostkę, suszone pomidory posiekaj razem z natką pietruszki. Wszystkie składniki wymieszaj. Całość oprósz przyprawami.

DO POSIŁKU:

1 szklanka wody mineralnej (240 ml)

4

TRENING OD PODSTAW

DO IT.

Tworząc ten trening, inspirowałam się sportami, które uprawiam od lat, czyli karate oraz fitnessem. Stąd pewność, że ćwiczenia, które zaproponowałam, są bezpieczne, skuteczne i nie pozostawiają miejsca na nudę. Mam nadzieję, że opisane programy treningowe przekonają cię do regularnych ćwiczeń.

Pamiętaj o nawodnieniu podczas treningu!

Przed każdym przygotuj butelkę z wodą lub domowy izotonik.

Domowy izotonik

SKŁADNIKI:

- 200 ml zagęszczonego soku owocowego (np. granat, pomarańcza, ananas)
- 800 ml wody
- 1 łyżeczka soli himalajskiej (lub morskiej)
- szczypta pieprzu cayenne

Pierwsza zasada każdego dobrego i bezpiecznego treningu → **pamiętaj o rozgrzewce**.

To niezwykle istotny element, który ma za zadanie przygotować nasze ciało do wysiłku fizycznego. Rozgrzewka delikatnie podwyższa temperaturę ciała, uelastycznia mięśnie, **usprawnia wykorzystanie węglowodanów, podnosi stężenie hormonów**, przestraja nasz mechanizm wykorzystania tlenu oraz przygotowuje układ krwionośno-limfatyczny na tryb wysiłkowy.

ROZGRZEWKA PRZED KAŻDYM TRENINGIEM

1

March – marsz z unoszeniem nóg i pracą ramion. Wykonaj marsz w miejscu, unosząc wysoko kolana. Dodaj obszerną pracę ramion.

2

Circling Arms – wykonaj krążenie ramion w pozycji stojącej. Patrz przed siebie.

3

March Jump – bieg w miejscu z unoszeniem kolan. Podskakuj, wykonując energiczny marsz w miejscu.

4

Skip C – wykonaj bieg w miejscu, dotykając piętami pośladków.

5

Sumo Squat Circle Leg – ustaw nogi w szerokim rozkroku, tak aby wykonując głęboki przysiad, czuć komfort. Zrób przysiad, a wracając do pozycji wyjściowej, jednocześnie wykonaj krążenie nogą po kole na zewnątrz. Wykonuj to ćwiczenie powoli i bardzo dokładnie.

6

Hand Feet Back Tap – stojąc w lekkim rozkroku, dotykaj naprzemiennie dłońmi podbicia stopy (lewa ręka i prawa noga, prawa ręka i lewa noga). Wzrok kieruj za dłonią.

7

Jump Side – wykonuj jednonóż przeskoki na boki. Dodaj obszerną pracę ramion. Kolano podporowe koniecznie musi być ustabilizowane.

Wykonuj każde z ćwiczeń przez **30 sekund**.

DOBRA ROBOTA!

A teraz przejdź do dalszego treningu.

NIKE

CARDIO

To trening przeznaczony dla osób chcących spalić tkankę tłuszczową, poprawić formę oraz wymodelować sylwetkę. Podczas cardio popracujesz także nad swoją wytrzymałością oraz kondycją.

Poziom 1 – to opcja treningu dla osób początkujących i średnio zaawansowanych
Poziom 2 – to opcja treningu dla osób zaawansowanych

TRENING – POZIOM 1

1

Jumping Jack (pajacyk) – stań ze złączonymi nogami, trzymając ramiona wzdłuż tułowia. Wykonaj wyskok w górę i do rozkroku, wyrzucając ramiona szeroko nad głowę do momentu ich złączenia. Wróć do pozycji wyjściowej, utrzymując kolana lekko ugięte.

PRZERWA: 10 sekund

Mountain Climbers – przejdź do pozycji podporu przodem, ramiona ustaw na szerokość barków, napnij brzuch i pośladki i utrzymaj jedną linię ciała. Następnie przyciągaj kolana naprzemiennie do klatki piersiowej.

PRZERWA: 10 sekund

2

3

Squat Side Step – stań w pozycji rozkroku na szerokość bioder. Wykonaj przysiad tak, aby kolana nie wystawały za linię palców stóp. Następnie, trzymając w przysiadzie wyprostowane plecy, zrób krok w bok. Wróć do pozycji pionowej.

PRZERWA: 10 sekund

Karate Side Jump Hook Punch – stań ze złączonymi nogami, utrzymując kolana lekko ugięte. Wykonaj obunóż lekki skok w bok i uderzenie sierpowe.

PRZERWA: 10 sekund

POWTÓRZENIA: wykonuj każde z ćwiczeń przynajmniej przez 30 sekund. Pamiętaj, że wydłużając ich trwanie, zwiększasz intensywność i poziom treningu.

Powtórz każdą serię 3–5 razy.

TRENING – POZIOM 2

1

Karate Boxing – zaciśnij mocno pięści i wykonaj bieg w miejscu, uderzając (boksując) w przód. Oddychaj i trzymaj tempo!

PRZERWA

2

Burpees by Ann – ćwiczenie to angażuje całe ciało. Wykonaj wyskok w górę, następnie zejdź do podporu przodem i wyrzuć nogi w tył. Wróć do pozycji wyjściowej.

PRZERWA

3

Jumping Jack (pajacyk) – stań ze złączonymi nogami, trzymając ramiona wzdłuż tułowia. Wykonaj wyskok w górę i do rozkroku, wyrzucając ramiona szeroko nad głowę do momentu ich złączenia. Wróć do pozycji wyjściowej, utrzymując kolana lekko ugięte.

Karate Squat Kick – stopy rozstaw na szerokość bioder. Wykonaj przysiad, utrzymując proste plecy. Wypnij klatkę piersiową i ściągnij łopatki. Nie dopuszczaj do wysunięcia się kolan poza linię palców stóp. W pozycji przysiadu pomiędzy udem a podudziem powinien być kąt prosty, a kolano powinno się znajdować tuż nad stawem skokowym. Wracając do pozycji wyjściowej, wykonaj kopnięcie w przód, trzymając gardę przed sobą. Wykonuj ćwiczenie raz lewą, raz prawą nogą.

PRZERWA

4

POWTÓRZENIA: wykonuj każde z ćwiczeń przez 60 sekund. Powtórz każdą serię 3–5 razy.

DOBRA ROBOTA!

Teraz czas na regeneracyjny shake potreningowy.

Shake regeneracyjny

SKŁADNIKI:

- 1 łyżeczka świeżego tartego imbiru
- ½ łyżeczki kurkumy
- ¼ łyżeczki pieprzu cayenne (lub czarnego)
- woda kokosowa (lub niegazowana woda mineralna)
- szczypta soli himalajskiej
- owoce leśne
- 100 ml soku z granatu 100%

WHOLE BODY

To kompletny trening angażujący całe ciało. Ćwiczenia w tym programie sprawią, że twoje ciało stanie się mocne i doskonale wymodelowane. Dodatkowo poprawisz wytrzymałość i popracujesz nad prawidłową postawą ciała. Wszystko dla dobrego samopoczucia!

Ten trening polecam szczególnie kobietom przygotowującym się do ciąży.

TRENING – POZIOM 1

BLOK 1

1

March Jump – bieg w miejscu z unoszeniem kolan. Podskakuj, wykonując energiczny marsz w miejscu.

2

Squat Heel Up – rozstaw stopy na szerokość bioder, wypnij klatkę piersiową i ściągnij łopatki. Wykonuj przysiad, utrzymując proste plecy. Nie dopuszczaj do wysunięcia się kolan poza linię palców stóp. Wracając do pozycji wyjściowej, wykonaj wspięcie na palce.

3

Plank Base – w podporze przodem na przedramionach wykonaj tak zwaną deskę. Ciało ustaw na przedramionach i utrzymuj je w linii prostej. Zwróć szczególną uwagę, aby nie pogłębiać odcinka lędźwiowego, a brzuch i pośladki trzymać mocno napięte. Staraj się utrzymać tę pozycję jak najdłużej.

4

Baby Cobra Push Up – bardzo progresywne ćwiczenie, uwielbiam je. Wykonaj głęboki siad pośladkami na piętach. Następnie przejdź płynnie do podporu na rękach, unosząc głowę mocno w tył. Trzymaj mocno napięte mięśnie brzucha.

5

Plank Walking Leg (Side) – przejdź do podporu przodem, utrzymując mocno napięty brzuch oraz prostą linię ciała. Wykonaj przejście (marsz) jednonóż z boku na bok.

Opposite Push Up – przejdź do podporu tyłem, dłonie rozstaw na szerokość barków. Uginaj ramiona w stawie łokciowym.

Plank Knee Touch – przejdź do podporu przodem na wyprostowanych ramionach, wykonując tak zwaną deskę. Utrzymuj ciało w linii prostej. Zwróć szczególną uwagę, aby nie pogłębiać odcinka lędźwiowego, a brzuch i pośladki trzymać mocno napięte. Naprzemiennie dotykaj kolanami podłogi, utrzymując poprawną pozycję przez całe ćwiczenie. Trzymaj tempo.

POWTÓRZENIA:
wykonuj każde z ćwiczeń przez 60 sekund. Powtórz każdy blok 3–5 razy.

TRENING – POZIOM 1
BLOK 2

Hip Walking – usiądź w siadzie płaskim z wyprostowanymi nogami i łokciami blisko ciała. Wykonuj „marsz" na pośladkach – kilka razy w przód, a następnie w tył. Trzymaj mocno napięte pośladki.

Plank Shoulder Tap – przejdź do podporu przodem na wyprostowanych ramionach, wykonując tak zwaną deskę. Utrzymuj ciało w linii prostej. Zwróć szczególną uwagę, aby nie pogłębiać odcinka lędźwiowego, a brzuch i pośladki trzymać mocno napięte. Dotykaj naprzemiennie dłonią o bark, utrzymując prostą linię ciała. Barki trzymaj ustawione równolegle do ziemi.

3

Plank Walking Hand Base – zostań w podporze przodem na wyprostowanych ramionach, wykonując tak zwaną deskę. Utrzymuj ciało w linii prostej. Zwróć szczególną uwagę, aby nie pogłębiać odcinka lędźwiowego, a brzuch i pośladki trzymać mocno napięte. Wykonaj marsz na przedramionach.

4

Crunch – wykonaj spięcie brzucha w leżeniu na plecach, trzymając dłonie za głową. Odcinek lędźwiowy mocno przyciskaj do ziemi.

Karate Russian Twist – skręt tułowia z uderzeniami w bok. Pozycja wyjściowa: siad płaski z lekko ugiętymi nogami w rozkroku. Plecy proste, brzuch aktywny. Wykonuj uderzenie w bok raz jedną, raz drugą pięścią.

6

Crunch Hand Straight – leżąc na plecach, wykonuj spięcia brzucha z rękami wyprostowanymi za głową.

7

Lying Prone W to Y – leżąc na brzuchu, uginaj i przyciągaj łokcie do ciała, równocześnie unosząc nogi lekko nad ziemią.

8

Bird Dog – w klęku podpartym wykonaj naprzemienne unoszenie ręki i nogi (lewa ręka i prawa noga, prawa ręka i lewa noga). Mocno napnij mięśnie.

POWTÓRZENIA: wykonuj każde z ćwiczeń przez 60 sekund. Powtórz każdy blok 3–5 razy.

TRENING – POZIOM 2

BLOK 1

Rozstaw stopy na szerokość bioder, wypnij klatkę piersiową i ściągnij łopatki. Wykonuj przysiad, utrzymując proste plecy. Nie dopuszczaj do wysunięcia się kolan poza linię palców stóp. Wracając do pozycji wyjściowej, wykonaj wspięcie na palce.

1

Tripe Jump Squat – stań prosto i wykonaj szeroki przysiad z wyskokiem, następnie wąski przysiad z wyskokiem i kolejno wyskok obunóż. Trzymaj jedno tempo.

2

Karate Clock Knee – stań prosto na jednej nodze, lekko ją uginając. Pracuj uniesioną nogą, odwodząc ją w tył, następnie w bok, kończąc na uderzeniu kolanem. Trzymaj cały czas gardę i utrzymuj równowagę. Wykonuj ćwiczenie raz prawą, raz lewą nogą.

3

Plank Walking Leg (Side) – przejdź do podporu na ramionach. Utrzymuj ciało w linii prostej, a brzuch i pośladki trzymaj mocno napięte. Wykonaj przejście (marsz) jednonóż z boku na bok.

4

Crunch – wykonaj spięcie brzucha w leżeniu na plecach, trzymając dłonie za głową. Odcinek lędźwiowy mocno przyciskaj do ziemi.

5

PRZERWA MIĘDZY SERIAMI

POWTÓRZENIA: wykonuj każde z ćwiczeń przez 60 sekund.

Powtórz każdy blok 3–5 razy.

TRENING – POZIOM 2
BLOK 2

1

Side Step Jump – stań w rozkroku na szerokość bioder. Wykonaj krok w bok z jednoczesnym unikiem, a następnie wyskokiem w górę. Wykonuj ćwiczenie raz w lewą, raz w prawą stronę.

2

Hip Up – w leżeniu na plecach unoś biodra do góry, mocno napinając mięśnie pośladków.

3

Hip Up Knee – w leżeniu na plecach unieś biodra do góry i trzymaj je w takiej pozycji przez całe ćwiczenie. Mocno napnij mięśnie pośladków i złącz kolana.

4

Crunch Angle – w leżeniu na plecach unieś nogi zgięte w kolanach do kąta prostego. W tej pozycji wykonuj spięcie brzucha, trzymając dłonie za głową.

5

Crunch – wykonaj spięcie brzucha w leżeniu na plecach, trzymając dłonie za głową. Odcinek lędźwiowy mocno przyciskaj do ziemi.

PRZERWA MIĘDZY SERIAMI

POWTÓRZENIA: wykonuj każde z ćwiczeń przez 60 sekund. Powtórz każdy blok 3–5 razy.

DOBRA ROBOTA!
Pamiętaj o dobrym stretchingu!

Rozciąganie jest pierwszym etapem efektywnej regeneracji, ponieważ zmniejsza napięcie i ból mięśni po treningu, korzystnie wpływa na sylwetkę oraz skutecznie obniża ryzyko powstawania wszelkich kontuzji.

Teraz czas na regeneracyjny shake potreningowy.

Shake regeneracyjny

SKŁADNIKI:

- 3 ugotowane buraki
- 150 ml mleczka kokosowego
- ½ łyżeczki kurkumy
- ½ łyżeczki cynamonu
- 1 daktyl
- sok z ½ cytryny

KARATE CARDIO

Karate Cardio to program przeznaczony zarówno dla początkujących, jak i doświadczonych wielbicieli sportu. Ma on na celu przyspieszenie spalania tkanki tłuszczowej, poprawę formy oraz wymodelowanie sylwetki. Wplecione do treningu elementy technik karate poprawią nie tylko twoją kondycję, ale i samopoczucie! Wszystkie ćwiczenia są bezpieczne, mają wysoką skuteczność i co najważniejsze – nie są nudne. To aktywność dla każdego!

Pamiętaj o przygotowaniu butelki z izotonikiem. Pij go w trakcie treningu i po nim.

Domowy izotonik

SKŁADNIKI:

- 4 płaskie łyżki miodu (lub syropu klonowego)
- 900 ml wody
- sok z całej cytryny (lub limonki)
- 1 łyżeczka soli himalajskiej (lub morskiej)
- szczypta pieprzu cayenne

TRENING – POZIOM 1 I 2

1

Karate Boxing – zaciśnij mocno pięści. Wykonaj bieg w miejscu, uderzając (boksując) w przód. Oddychaj i trzymaj tempo!

2

Squat Karate Kick – rozstaw stopy na szerokość bioder. Wykonaj przysiad, utrzymując proste plecy. Wypnij klatkę piersiową i ściągnij łopatki. Nie dopuszczaj do wysunięcia się kolan poza linię palców stóp. W pozycji przysiadu między udem a podudziem powinien być kąt prosty, a kolano powinno się znajdować tuż nad stawem skokowym. Wracając do pozycji wyjściowej, wykonaj kopnięcie w przód, trzymając przed sobą gardę. Wykonuj ćwiczenie raz lewą, raz prawą nogą.

Karate Hook Punch – rozstaw stopy na szerokość bioder, następnie wykonaj bieg bokserski w miejscu, równocześnie uderzając pięściami „od dołu", czyli wykonując tak zwane haki.

3

Karate Front Kick – stań na lekko ugiętych nogach, trzymając gardę przed sobą. Wykonuj kopnięcie w przód raz prawą, raz lewą nogą.

PRZERWA

4

Karate Side Punch – rozstaw stopy na szerokość bioder, wykonaj przysiad, następnie zrób przejście w bok z jednoczesnym uderzeniem sierpowym. Wykonuj ćwiczenie raz w prawą, raz w lewą stronę.

5

6

Karate Clock Kick – stań prosto na jednej nodze, lekko ją uginając. Pracuj uniesioną nogą, odwodząc ją w tył, następnie w bok, kończąc na kopnięciu przed siebie. Trzymaj cały czas gardę i utrzymuj równowagę. Wykonaj ćwiczenie raz prawą, raz lewą nogą.

7

Karate Burpees – ćwiczenie to angażuje całe ciało. Wykonaj zejście do podporu przodem, następnie zrób wyrzut nóg w tył. Wróć do pozycji wyjściowej i wykonaj kopnięcie w przód, trzymając gardę przed sobą.

8

Karate Boxing – zaciśnij mocno pięści. Wykonaj bieg w miejscu, uderzając (boksując) w przód. Oddychaj i trzymaj tempo!

PRZERWA

9

Crunch Outside – w leżeniu na plecach lekko unieś odcinek piersiowy, dotykaj kostki u stopy – raz lewą, raz prawą dłonią.

10

Crunch Under Feet – w leżeniu na plecach unieś lekko odcinek piersiowy, wyprostuj ramiona wzdłuż tułowia i dotykaj pięt obiema dłońmi.

11

Karate Russian Twist – skręt tułowia z uderzeniami w bok. Pozycja wyjściowa: siad płaski w rozkroku, z lekko ugiętymi nogami. Utrzymuj proste plecy, brzuch aktywny. Wykonuj uderzenie w bok raz jedną, raz drugą pięścią.

12

Lying Prone Arms Around Back – leżąc na brzuchu, wykonaj ruch odwodzenia ramienia w bok, kierując głowę za dłonią.

PRZERWA: 30 sekund

POWTÓRZENIA: wykonuj każde z ćwiczeń przez 60 sekund. Powtórz całość 3–5 razy.

DOBRA ROBOTA!

Jesteś prawdziwym fighterem!

CHALLENGE

Trening Challenge angażuje całe ciało, dzięki czemu staje się ono mocne i doskonale wymodelowane. Gwarantuję, że z każdym kolejnym tygodniem poczujesz poprawę kondycji i zobaczysz efekty treningu! Co tydzień sprawdzaj swój progres.

Pamiętaj, aby przed treningiem przygotować butelkę z izotonikiem. Pij go w trakcie treningu oraz po nim.

Domowy izotonik

SKŁADNIKI:

- 500 ml soku jabłkowego
- sok z ½ cytryny
- 2 płaskie łyżki miodu
- 400 ml naparu z mięty (lub pokrzywy)
- ½ miarki magnezu
- 1 łyżeczka soli himalajskiej (lub morskiej)

TRENING – POZIOM 1

Squat – rozstaw stopy na szerokość bioder, wypnij klatkę piersiową i ściągnij łopatki. Utrzymując proste plecy, wykonuj przysiad. Nie dopuszczaj do wysunięcia się kolan poza linię palców stóp. W pozycji przysiadu między udem a podudziem powinien być kąt prosty, a kolano powinno się znajdować tuż nad stawem skokowym.

1

Push Up Knee – przejdź do podporu przodem na kolanach, trzymaj mocno napięty brzuch. Otwarte dłonie ustaw równolegle do barków, łokcie trzymaj wąsko, blisko tułowia. Wykonaj pompkę, schodząc tak nisko, aż mostkiem prawie dotkniesz podłoża. Ćwiczenie wykonuj w wolnym tempie.

2

Crunch – wykonaj spięcie brzucha w leżeniu na plecach, trzymając dłonie za głową. Odcinek lędźwiowy mocno przyciskaj do ziemi.

3

4

Lying Prone W to Y – leżąc na brzuchu, uginaj i przyciągaj łokcie do ciała, równocześnie unosząc nogi lekko nad ziemią.

POWTÓRZENIA: wykonuj każde z ćwiczeń przez 60 sekund. Staraj się liczyć i zapisywać liczbę powtórzeń.

TRENING – POZIOM 2

Squat Jump – rozstaw stopy na szerokość bioder i wykonaj przysiad, utrzymując proste plecy. Wypnij klatkę piersiową i ściągnij łopatki. Nie dopuszczaj do wysunięcia się kolan poza linię palców stóp. W pozycji przysiadu między udem a podudziem powinien być kąt prosty, a kolano powinno się znajdować tuż nad stawem skokowym. Wracając do pozycji wyjściowej, wybij się w górę z pięt, odwodząc ramiona lekko do tyłu w naturalny sposób. Spadając na ziemię, utrzymaj kolana lekko ugięte.

1

Cobra Push Up – wykonaj głęboki siad pośladkami na piętach, następnie przejdź do podporu przodem, wykonując pompkę. Trzymaj mocno napięte mięśnie brzucha. Wróć do pozycji wyjściowej.

2

Crunch Outside – w leżeniu na plecach lekko unieś odcinek piersiowy, dotykaj kostki u stopy – raz lewą, raz prawą dłonią.

3

Lying Prone Arms Around Back – leżąc na brzuchu, wykonaj ruch odwodzenia ramienia w bok, kierując głowę za dłonią.

4

POWTÓRZENIA: każde ćwiczenie wykonuj przez 60 sekund.

NIKE

BRZUCH I POŚLADKI

To trening przeznaczony dla osób, które marzą o płaskim brzuchu i jędrnych pośladkach. Poniższe ćwiczenia sprawią, że twoje ciało stanie się mocne i doskonale wymodelowane, a ty będziesz się czuć w nim piękna.

Pamiętaj o przygotowaniu butelki z izotonikiem. Pij go w trakcie treningu i po nim.

Domowy izotonik

SKŁADNIKI:

- 2 płaskie łyżki miodu
- 1,5 l wody średnio zmineralizowanej
- 1 łyżeczka soli himalajskiej (lub morskiej)
- kawałek startego imbiru wielkości kciuka

BLOK 1

Crunch – wykonaj spięcie brzucha w leżeniu na plecach, trzymając dłonie za głową. Odcinek lędźwiowy mocno przyciskaj do ziemi.

1

Crunch Outside – w leżeniu na plecach lekko unieś odcinek piersiowy, dotykaj kostki u stopy – raz lewą, raz prawą dłonią.

2

Crunch Under Feet – w leżeniu na plecach unieś lekko odcinek piersiowy, wyprostuj ramiona wzdłuż tułowia i dotykaj pięt obiema dłońmi.

Plank Twist – przejdź do podporu przodem na przedramionach, wykonując tak zwaną deskę. Utrzymuj ciało w linii prostej. Zwróć szczególną uwagę, aby nie pogłębiać odcinka lędźwiowego, a brzuch i pośladki trzymać mocno napięte. Wykonuj ruch bioder na boki.

BLOK 2

1

Crunch Hand Straight – leżąc na plecach, wykonuj spięcia brzucha z rękami wyprostowanymi za głową.

2

Cobra Push Up – wykonaj głęboki siad pośladkami na piętach, następnie przejdź do podporu przodem, robiąc pompkę. Trzymaj mocno napięte mięśnie brzucha. Wróć do pozycji wyjściowej.

3

Plank Knee Touch – przejdź do podporu przodem na wyprostowanych ramionach, wykonując tak zwaną deskę. Utrzymuj ciało w linii prostej. Zwróć szczególną uwagę, aby nie pogłębiać odcinka lędźwiowego, a brzuch i pośladki trzymać mocno napięte. Dotykaj kolanem naprzemiennie podłogi, utrzymując poprawną pozycję przez całe ćwiczenie.

4

Plank Walking Hand Base – pozostań w podporze przodem, ale na przedramionach, utrzymując poprawną pozycję deski. Wykonaj marsz na przedramionach.

BLOK 3

1

Hip Up – w leżeniu na plecach unoś biodra, mocno napinając mięśnie pośladków.

2

Hip Up Knee – w leżeniu na plecach unieś biodra i trzymaj je w takiej pozycji przez całe ćwiczenie. Mocno napnij mięśnie pośladków i złącz kolana.

3

Hip Up Work Up – w leżeniu na plecach unieś biodra, mocno napinając mięśnie pośladków. W takiej pozycji wykonuj odwodzenie i przywodzenie nóg.

ZDROWY KRĘGOSŁUP – STRONG CORE

To program z ćwiczeniami polecanymi dla każdego, bez względu na wiek czy poziom aktywności fizycznej. Trening ten ma na celu wzmocnić najważniejsze partie mięśni głębokich, wyrobić właściwą postawę i zadbać o odpowiednią koordynację. Dodatkowo powinien on wyeliminować bóle pleców i złagodzić następstwa nieprawidłowych nawyków.

Wzmocnij swoje mięśnie, aby mogły wspomóc kręgosłup w trakcie wykonywania codziennych czynności. Pamiętaj, że kluczem do sukcesu są technika i precyzja, a nie szybkość wykonywanych ćwiczeń. Twój kręgosłup ma ci służyć przez całe życie, więc zadbaj o niego już teraz.

Pamiętaj o odpowiednim nawodnieniu organizmu! Przygotuj butelkę z wodą lub domowy izotonik.

ROZGRZEWKA

KAŻDE ĆWICZENIE WYKONUJ PRZEZ 30 SEKUND.

1

March – marsz z unoszeniem nóg i pracą ramion. Wykonaj marsz w miejscu, unosząc wysoko kolana i obszernie pracując ramionami.

2

Knee Elbow Tap – pozostań w marszu. Przyciągaj do kolana raz jeden, raz drugi łokieć.

3

Circling Arms – wykonaj krążenie ramion w pozycji stojącej. Patrz przed siebie.

4

March Circling Arms – maszeruj, unosząc wysoko kolana i jednocześnie wykonując krążenie ramion w bok.

5

Hand Feet Back Tap – stojąc w rozkroku, dotykaj naprzemiennie dłońmi podbicia stóp (lewa ręka i prawa noga, prawa ręka i lewa noga). Wzrok kieruj za dłonią.

6

Side Split Bend Body – stojąc w rozkroku, wykonaj opad tułowia ze skrzyżowanymi rękami. Lekko pogłębiaj skłon, rozluźniając plecy.

PRZERWA: 15 sekund

TRENING – POZIOM 1 I 2
BLOK 1

1

Plank – przejdź do podporu przodem na wyprostowanych ramionach, wykonując tak zwaną deskę. Utrzymuj ciało w linii prostej. Zwróć szczególną uwagę, aby nie pogłębiać odcinka lędźwiowego, a brzuch i pośladki trzymać mocno napięte.

2

Side Plank Base (lewa) – przejdź do pozycji podporu bokiem na wyprostowanym ramieniu, z ugięta nogą podporową. Utrzymuj ciało w jednej linii przez całe ćwiczenie.

Side Plank Base (prawa) – zmień stronę i powtórz ćwiczenie.

3

Bridge Base – przejdź do pozycji podporu tyłem. Rozstaw ramiona równolegle do barków, unieś biodra w linii prostej i ugnij kolana do kąta prostego. Utrzymuj pozycję, napinając mocno mięśnie pośladków oraz brzucha. Wzrok skieruj do góry.

3 SERIE

CZAS TRWANIA KAŻDEGO ĆWICZENIA:

poziom 1 – 30 sekund

poziom 2 – 45 sekund

BLOK 2

1

Opposite Push Up – przejdź do podporu tyłem, dłonie rozstaw na szerokość barków. Uginaj ramiona w stawie łokciowym.

2

Lying Prone W to Y – leżąc na brzuchu, uginaj i przyciągaj łokcie do ciała, równocześnie unosząc nogi lekko nad ziemią.

3

Lie Open Leg (lewa) – przejdź do leżenia bokiem. Ugnij nogi do kąta prostego. Zewnętrzną nogę odwódź (unoś) do góry.

Lie Open Leg (prawa) – zmień stronę i powtórz ćwiczenie.

3 SERIE

CZAS TRWANIA KAŻDEGO ĆWICZENIA:

poziom 1 – 30 sekund

poziom 2 – 45 sekund

STRETCHING

Stretching to jedna ze skuteczniejszych metod poprawienia sprawności ruchowej. Prawidłowe rozciąganie zapobiega kontuzjom, zwiększa mobilność stawów, przyspiesza regenerację po treningu. Dzięki ćwiczeniom rozciągającym zniwelujesz bóle mięśni pojawiające się po treningu. Mięśnie będą bardziej odporne na urazy mechaniczne i kontuzje oraz ładnie wysmuklą twoje ciało!

Pamiętaj, że woda to życie! Miej ze sobą butelkę wody.

1

Side Split Bend Body – stań w rozkroku i wykonaj opad tułowia ze skrzyżowanymi rękami. Lekko pogłębiaj skłon, rozluźniając plecy.

2

Side Split Hand To Leg – pozostań w rozkroku i wykonaj skłon tułowia raz do prawej, raz do lewej nogi.

3

Small Cobra – wykonaj głęboki siad pośladkami na piętach. Następnie przejdź płynnie do podporu na rękach, unosząc głowę mocno w tył. Trzymaj mocno napięte mięśnie brzucha.

4

Cat Bridge – tak zwany koci grzbiet. To typowe ćwiczenie wzmacniające kręgosłup. Dzięki niemu wyeliminujesz bóle krzyżowe. Przejdź do pozycji klęku podpartego. Uda i ramiona ustaw równolegle względem siebie. Dłonie rozstaw na szerokość ramion, a kolana na szerokość bioder. Głowa powinna tworzyć linię prostą z kręgosłupem. Następnie, wykonując wdech, delikatnie w naturalny sposób wygnij kręgosłup, lekko unosząc głowę i kierując wzrok do góry. Robiąc wydech, wypchnij kręgosłup w odcinku piersiowym ku górze, chowając głowę między ramionami do środka.

5

Child Pose – przejdź do siadu na piętach. Wykonaj skłon w przód z wyprostowanymi rękoma. Pozostań w tej pozycji, utrzymując klatkę piersiową jak najbliżej ziemi.

6

Child Pose Shoulder Stretch – pozostań w siadzie na piętach. Wykonaj skłon w przód i wyprostuj ręce. Klatkę piersiową utrzymuj jak najbliżej ziemi. Następnie skieruj jedno ramię pod drugie, przytrzymując się podłoża ręką znajdującą się niżej. Pozostań chwilę w tej pozycji, a następnie zmień stronę.

7

Child Pose Chest Stretch – pozostań w siadzie na piętach. Wykonaj po raz kolejny skłon w przód i wyprostuj ręce. Klatkę piersiową utrzymuj jak najbliżej ziemi. Następnie jedno ramię skieruj po skosie, przytrzymując się podłoża, a drugie wyprostuj. Przytrzymuj pięty na pośladkach. Pozostań chwilę w tej pozycji, a następnie zmień stronę.

Child Pose To Half Plank – przejdź do pozycji podporu na kolanach i przedramionach. Przenoś ciężar ciała w przód, a następnie w tył.

Japanese Sit Arms Stretch – przejdź do siadu klęcznego i przyciągnij ramię do klatki piersiowej. Zmień stronę.

Japanese Sit Triceps Stretch – pozostań w siadzie klęcznym. Przenieś jedną rękę w tył, uginając ją w stawie łokciowym. Rozciągaj jedną rękę, a drugą naciskaj, pogłębiając ruch. Zmień stronę.

11

Spine Healthy – z pozycji stojącej przejdź do przysiadu podpartego i wykonaj rolowanie kręgosłupa, wyginając się bardzo wolno. Następnie wróć do pozycji stojącej i przetocz obszernie ramiona w tył.

5

MOJA PROPOZYCJA DLA WAS

Jak pewnie wielu z was wie, jednym z głównych filarów mojej filozofii żywieniowej jest rezygnacja z glutenu i produktów mlecznych. W tym rozdziale wytłumaczę wam, dlaczego warto odstawić te składniki i w jaki sposób wyeliminować je z codziennej diety. Większość z was zna moje stanowisko w tej kwestii, jednak nie chciałabym nikogo namawiać ani przekonywać do swoich racji. Jeśli chcecie, spróbujcie, zawsze warto obserwować swój organizm ☺

Czym jest gluten?

Gluten to mieszanina białek roślinnych obecna w wielu popularnych zbożach, takich jak pszenica, żyto czy jęczmień. Duże ilości glutenu znajdują się również w owsie, ponieważ jest on mocno zanieczyszczony pszenicą. **Białka te mają bardzo znikomą wartość odżywczą dla naszego organizmu.**

Dlaczego wyeliminowałam gluten?

Do niedawna gluten kojarzony był głównie z uwarunkowaną genetycznie chorobą – celiakią (chorobą trzewną), która należy do grupy chorób autoagresywnych. W jej efekcie dochodzi do niszczenia kosmków jelitowych. Jedynym znanym sposobem walki z tą chorobą jest dieta eliminująca gluten. **Okazuje się jednak, że wiele osób, które nie mają celiakii, odczuwa pozytywne skutki po wyeliminowaniu glutenu ze swojej diety: znikają częste wzdęcia, bóle brzucha, zmniejsza się ilość wody zatrzymywanej w organizmie.** Coraz częściej mówi się o nieceliakalnej nadwrażliwości na gluten jako jednostce chorobowej, która nie ma nic wspólnego z celiakią. Przypadłość ta jest bardzo trudna w diagnozowaniu, najczęściej zaleca się zbadanie przeciwciał związanych z odpowiedzią naszego organizmu na gluten. Jeżeli jest ich zbyt wiele, mamy problem z glutenem. Niestety badanie to nie zawsze jest miarodajne, ponieważ w przypadku celiakii można zaobserwować wzrost specyficznych przeciwciał, przy nieceliakalnej nadwrażliwości na gluten natomiast już nie. **Jak w takim razie możemy sprawdzić, czy jesteśmy wrażliwi na gluten?** Dobrym sposobem, który często polecam w swojej praktyce, jest test obciążenia glutenem. Na czym on polega? Przez jakiś czas (na przykład 1–2 miesiące) stosujemy restrykcyjną dietę bezglutenową, następnie wprowadzamy gluten do diety i... czekamy na rezultaty. Większość z nas wróci do diety bezglutenowej, bo okaże się, że zniknęło wiele dolegliwości, na które wcześniej nie zwracaliśmy uwagi. Wciąż nie ma co do tego pewności, lecz wiele badań wykazało, że gluten może niszczyć naszą barierę jelitową, co prowadzi do przenikania niekorzystnych substancji ze środowiska, aktywacji układu immunologicznego, a w konsekwencji do rozwoju stanu zapalnego. Obecnie gluten jest obecny niemal wszędzie, znajdziecie go nie tylko w makaronach czy mące, ale nawet w produktach, które są naturalnie bezglutenowe, jak na przykład wyroby mięsne. **Wydaje się, że tak duża ilość glutenu nie wpływa pozytywnie na nasze zdrowie. Po wyeliminowaniu go z diety odczułam zwiększenie energii i wydolności, zmniejszyło się zmęczenie, a brzuch przestał boleć. Ja spróbowałam i wiem, że więcej do glutenu nie wrócę. Spróbujcie i wy, możecie być zaskoczeni zmianą!**

Które produkty wybierać?

Wyeliminowanie zbóż glutenowych nie powinno być bardzo trudne, mamy bowiem do wyboru pełen wachlarz bezglutenowych produktów zbożowych, które dodatkowo zawierają więcej składników odżywczych niż np. pszenica. Należą do nich:

- ryż;
- gryka;
- komosa ryżowa;
- owies (certyfikowany);
- kasza jaglana;
- sorgo;
- amarantus;
- teff (miłka abisyńska);
- kukurydza.

Co z nabiałem?

Od najmłodszych lat słyszymy, że nabiał jest niezbędnym składnikiem naszej diety. Niestety jednak produkty mleczne, które spożywamy, często mają zmniejszoną wartość odżywczą, a dodatkowo są przyczyną nietolerancji i alergii. Wiele dorosłych osób nie spożywa mleka, bo ma po nim „rewolucję jelitową". **Tymczasem odstawienie nabiału (podobnie jak w przypadku glutenu) może pomóc pozbyć się dolegliwości żołądkowo-jelitowych.**

Alergia na białko mleka (skaza białkowa) dotyka najczęściej niemowlęta i mniejsze dzieci, u których wraz z upływem czasu objawy alergii przechodzą. Coraz częściej jednak problem ten mają również dorośli. **Co jest jego przyczyną?** Znaczną ilość białek obecnych w mleku stanowi kazeina, która jest szczególnie immunogenna i wywołuje odpowiedź układu odpornościowego. Objawy związane z alergią na mleko mogą być bardzo różne: od bólów brzucha, wzdęć i biegunki po łzawienie oczu, wysypkę i katar. Często nie zdajemy sobie sprawy z tego, że akurat mleko jest przyczyną naszych dolegliwości...

Co z laktozą? Nietolerancja laktozy to jedna z częstszych nietolerancji pokarmowych u osób dorosłych. Jej przyczyną jest zanik produkcji enzymu rozkładającego laktozę – laktazy. Po zjedzeniu produktów mlecznych coraz więcej osób odczuwa nieprzyjemne skutki: biegunki, wzdęcia, gazy czy nudności. Ratunkiem są produkty bezlaktozowe lub eliminacja nabiału z diety.

Jeśli nie nabiał, to co?

Bilansowanie białka w diecie bezmlecznej nie powinno przysporzyć większych problemów, nawet u aktywnych sportowców. Świetnym źródłem pełnowartościowego białka są jaja, ryby, chude mięso czy orzechy. **Jeśli odstawiacie produkty mleczne, pamiętajcie również o prawidłowej podaży wapnia i witaminy D.** Dobrym źródłem wapnia są ryby i owoce morza, nasiona fasoli, a także natka pietruszki oraz napoje roślinne. Aby zapewnić dobre wchłanianie wapnia, niezbędny jest prawidłowy poziom witaminy D, o którym pisałam w poprzednich rozdziałach.

Nie chciałabym, aby ta książka kończyła się jedynie zakazami... Mam dla was propozycję na podbicie metabolizmu, wzmocnienie odporności i poprawę samopoczucia, czyli kilka słów o adaptogenach. Dla mnie to absolutny hit wspomagający regenerację, szczególnie w cięższych okresach treningowych czy przy obniżonej odporności.

Adaptogeny to naturalne związki (zazwyczaj pochodzenia roślinnego) od wieków wykorzystywane w medycynie. Wykazują szerokie spektrum działania i rzadko wchodzą w interakcje z lekami czy suplementami (są relatywnie bezpieczne). **Związki zawarte w adaptogenach zapewniają utrzymanie równowagi w naszym organizmie, regulują układ odpornościowy, wspomagają układ nerwowy oraz sercowo-naczyniowy, pomagają walczyć ze stresem i często wykazują silne właściwości antyoksydacyjne.** Część dyscyplin sportowych naraża zawodników na permanentny stres. Ciągłe „podkręcanie śruby" i trenowanie na wysokich obrotach, a także redukcja podaży kalorycznej u osób pragnących obniżyć masę ciała powodują podniesienie stężenia kortyzolu i zwiększony stres oksydacyjny. Kiedy efekty pracy nie są współmierne do włożonego wysiłku, warto sięgnąć po adaptogeny, aby szybciej powrócić do stanu równowagi. Wszystkie tego typu związki wykazują silne działanie ożywcze, zwiększają koncentrację i redukują stres, wzmacniają odporność i wytrzymałość.

Do najpopularniejszych adaptogenów należą:

- ashwagandha (witania ospała);
- gotu kola (wąkrota azjatycka);
- różeniec;
- schisandra (cytryniec chiński);
- żeń-szeń;
- kordyceps;
- bazylia;
- lukrecja;
- traganek.

SŁOWNICZEK

- **adaptogeny** – naturalne związki (zazwyczaj pochodzenia roślinnego) od wieków wykorzystywane w medycynie. Wykazują szerokie spektrum działania i rzadko wchodzą w interakcje z lekami czy suplementami, a co za tym idzie, są stosunkowo bezpieczne. Związki zawarte w adaptogenach zapewniają utrzymanie równowagi w organizmie, regulują układ odpornościowy, wspomagają układy: nerwowy oraz sercowo-naczyniowy, pomagają walczyć ze stresem i często wykazują silne właściwości antyoksydacyjne.

- **aminokwasy** – cząsteczki wchodzące w skład białek. Dzielą się na endogenne (produkowane przez ludzki organizm) i egzogenne (organizm ludzki nie umie ich wyprodukować i należy dostarczyć je z dietą) oraz dwa aminokwasy względnie egzogenne – arginina i histydyna (dorosły organizm umie je wyprodukować, ale do okresu dojrzewania w niewystarczających ilościach).

- **białka** (proteiny) – jedne z najważniejszych makroskładników dostarczanych do organizmu ludzkiego w pożywieniu. Są to struktury wielkocząsteczkowe zbudowane głównie z resztek aminokwasów. W ich składzie znajduje się około 50% węgla, blisko 25% tlenu, 18% azotu, a także, m.in. wodór, siarka i fosfor. Białka zarówno są budulcem struktur organicznych organizmu, jak i wpływają na przemiany metaboliczne oraz w niektórych sytuacjach mogą służyć jako źródło energii. Są wytwarzane w komórkach przy udziale rybosomów, a ze względu na zawartość aminokwasów egzogennych (których organizm nie syntetyzuje samodzielnie, lecz trzeba je dostarczać z pożywieniem) kwalifikuje się je jako białka pełnowartościowe oraz niepełnowartościowe.

- **białka niepełnowartościowe** – nie mają pełnego zestawu aminokwasów. Zawarte są w produktach zbożowych, roślinach strączkowych oraz orzechach.

- **białka pełnowartościowe** – ich struktura zawiera zestaw ośmiu aminokwasów egzogennych. Są zawarte w produktach zarówno pochodzenia roślinnego, jak i zwierzęcego. Najlepszym źródłem białek pełnowartościowych są ryby, mięso, produkty mleczne, jaja, a także produkty na bazie soi.

- **błonnik** (błonnik pokarmowy, włókno pokarmowe) – różnorodne substancje, zazwyczaj pochodzenia roślinnego, które nie ulegają strawieniu przez enzymy przewodu pokarmowego człowieka. Jest to mieszanina substancji polisacharydowych (m.in. celulozy pektyny, hemicelulozy) i niepolisacharydowych (kutyny, ligniny). Odpowiednie spożycie błonnika jest niezbędne do prawidłowego funkcjonowania organizmu.

- **elektrolity** – zapewniają równowagę kwasowo-zasadową w organizmie. Niezbędne dla organizmu są jony soli: sód, potas, wapń i magnez. Nazywane są elektrolitami mocnymi, czyli całkowicie rozpuszczalnymi w płynach. Dostarczane są do organizmu wraz z wodą i innymi płynami oraz z pożywieniem. Od obecności elektrolitów zależy gospodarka wodna organizmu. Są naładowane dodatnio lub ujemnie, przyciągają cząsteczki wody, która jest rozprowadzona po całym organizmie. Elektrolity umożliwiają przewodzenie impulsów nerwowych koniecznych do funkcjonowania mózgu i układu nerwowego. Niezbędne są też mięśniom, w tym sercu, bo wpływają na ich funkcjonowanie.

- **fruktoza** (cukier owocowy, z łac. *fructus* – owoc) – organiczny związek chemiczny z grupy ketoz (cukrów prostych). Występuje w owocach, miodzie i nektarze kwiatów. Charakteryzuje się słodkim smakiem (jest nieco słodsza od sacharozy i o wiele słodsza od glukozy). Mimo że jest cukrem prostym, jest wolno przyswajana przez organizm. Duże ilości fruktozy mogą powodować bóle żołądkowo-jelitowe oraz biegunki. Fruktoza powoduje też wzrost stężenia triglicerydów oraz kwasu moczowego we krwi. Wiele badań potwierdza negatywne skutki spożywania nadmiernych ilości fruktozy. Wykazują one, że aktywuje ona ośrodki nagrody w ludzkim mózgu, nie zapewniając przy tym uczucia sytości, a co za tym idzie – może sprzyjać rozwojowi otyłości.

- **gluten** – mieszanina białek roślinnych (gluteniny i gliadyny) obecna w wielu popularnych zbożach, takich jak pszenica, żyto czy jęczmień. Duże ilości glutenu znajdują się również w owsie, ponieważ jest on nim zanieczyszczony. Białka te mają bardzo znikomą wartość odżywczą dla naszego organizmu jednak pełnią niezwykle istotną funkcję technologiczną. Zapewniają produktom takim jak pieczywo, ciasta czy makarony odpowiednią strukturę.

- **indeks glikemiczny** (IG, ang. *glycemic index*) – określa procentowy wzrost stężenia glukozy we krwi, jaki następuje po spożyciu 50 g prostych węglowodanów (glukozy lub sacharozy). Przyjmuje się, że produkty, których IG jest niższy niż 50, są dla organizmu najbardziej korzystne. Codzienna dieta powinna być bogata w produkty o niskim IG, a tylko w określonych sytuacjach (zwiększone zapotrzebowanie na energię, na przykład po długotrwałym treningu) należy spożywać posiłki bogate w cukry proste, czyli te z wysokim IG.
  Indeks glikemiczny zależy również od stopnia przetworzenia produktu i sposobu obróbki termicznej, np. niższy indeks glikemiczny mają surowe buraki i marchewka, wyższy – gotowane; niższy – świeże owoce, wyższy – suszone.

- **kaloria** – mimo że zazwyczaj mówimy o kaloriach, wartości kaloryczne produktów żywnościowych podawane są w kilokaloriach (kcal), czyli tysiącach kalorii. Określenie ilości kalorii w produktach żywnościowych wyraża ilość energii, którą przeciętnie przyswaja ludzki organizm przy spożyciu takiego produktu. Energia ta jest wykorzystywana do podtrzymania funkcji życiowych i aktywności. 1 g białka to ok. 4 kilokalorie, 1 g węglowodanów – 4 kilokalorie, 1 g tłuszczów – 9 kilokalorii.

- **laktoza** – cukier mleczny złożony z cząsteczek glukozy i galaktozy. Występuje w mleku wszystkich ssaków, np. mleko kobiece zawiera jej około 7%, a mleko krowie – 4%. Laktoza jest rozkładana w organizmie przez enzym – laktazę. To jego brak skutkuje nietolerancją laktozy. Laktoza jest również metabolizowana przez bakterie *Lactobacillus casei* do kwasu mlekowego, który powoduje np. kwaśnienie mleka.

- **ładunek glikemiczny** – iloczyn indeksu glikemicznego oraz ilości węglowodanów zawartych w danym produkcie, podzielony przez 100. Produkt o niskim wskaźniku ładunku glikemicznego to wartość poniżej 10, średni – między 10 a 20, a wysoki – powyżej 20. Ładunek glikemiczny to wartość liczbowa, uwzględniająca nie tylko jakość, ale i ilość węglowodanów w produkcie. Im wyższy ładunek glikemiczny, tym większy wzrost poziomu cukru we krwi po spożyciu danego produktu. Niektóre produkty mogą mieć wysoki indeks glikemiczny, ale niski ładunek glikemiczny. Przykładem jest dynia, której IG wynosi 75, natomiast ładunek glikemiczny wynosi 3. Ładunek glikemiczny jest więc wskaźnikiem dokładniejszym niż sam indeks glikemiczny.

- **podstawowa przemiana materii** (PPM, metabolizm podstawowy, ang. BMR – *basal metabolic rate*) – najmniejsze tempo przemiany materii, energia wykorzystywana na podstawowe potrzeby organizmu związane z prawidłowym funkcjonowaniem narządów wewnętrznych, oddychaniem, pracą serca, krążeniem krwi, odbudową i wzrostem komórek oraz tkanek, czynnościami wydalniczymi, pracą układu nerwowego, utrzymaniem stałej temperatury ciała oraz napięcia mięśni. W zależności od wieku oraz stylu życia podstawowa przemiana materii pochłania od 45% do 70% dziennego zapotrzebowania energetycznego człowieka.

- **skrobia** – najbardziej popularny cukier złożony (polisacharyd). Składa się z wielu cząsteczek glukozy uwalnianych podczas procesów trawienia. Jest to materiał zapasowy roślin, odkładany w postaci ziaren. Skrobię zawierają ziarna zbóż (około 75%), ziemniaki (20%) oraz kukurydza (80%).

- **tłuszcze** – zwyczajowa nazwa grupy lipidów, estrów glicerolu i kwasów tłuszczowych. Związki tłuszczowe pełnią różne funkcje w naszym organizmie. Są one związane nie tylko z energetyką naszego organizmu, ale również z odpornością, regulacją hormonalną oraz przemianą białek i węglowodanów. Najprostszy podział obejmuje trzy rodzaje tłuszczów: tłuszcze nasycone, tłuszcze jednonienasycone oraz tłuszcze wielonienasycone. Tłuszcze wielonienasycone zaliczane są do grupy NNKT – niezbędnych nienasyconych kwasów tłuszczowych. Oznacza to, że są one konieczne do prawidłowego funkcjonowania organizmu a ten nie może ich sam wyprodukować, dlatego tak ważne jest dostarczanie ich z odpowiednią dietą.

- **tłuszcze jednonienasycone** (MUFA, *monounsaturated fatty acids*) – to m.in. kwasy tłuszczowe oleinowy, palmitooleinowy i erukowy. Pod względem budowy chemicznej kwasy tłuszczowe jednonienasycone charakteryzują się występowaniem jednego wiązania podwójnego w swoim łańcuchu na pozycji 9, dlatego należą one do rodziny omega-9. Najpopularniejszym przedstawicielem n-9 jest kwas oleinowy, którego duże ilości znajdują się w oliwie z oliwek czy oleju rzepakowym. Kwasy omega-9 obniżają poziom cholesterolu całkowitego i „złego" (LDL), nie obniżając jednocześnie „dobrego" (HDL). Są budulcem każdej komórki, pomagają utrzymać serce w zdrowiu, zachować prawidłowe ciśnienie krwi i chronią przed nowotworami. Badania wykazują, że dieta oparta na tłuszczach jednonienasyconych ma dobroczynny wpływ na ludzki organizm i chroni przed chorobami sercowo-naczyniowymi (np. dieta śródziemnomorska). Bogatym źródłem jednonienasyconych kwasów tłuszczowych jest oliwa z oliwek, olej rzepakowy, sojowy, sezamowy, orzechy laskowe, migdały oraz awokado.

- **tłuszcze nasycone** – zawarte są głównie w produktach pochodzenia zwierzęcego, takich jak mleko, masło, smalec oraz czerwone mięso. Ich źródłem jest również olej kokosowy. Tłuszcze nasycone należy spożywać w jak najmniejszych ilościach, ponieważ organizm ludzki produkuje je sam w odpowiedniej ilości i nie jest konieczne dostarczanie ich z dietą. W nadmiarze podnoszą one stężenie cholesterolu we krwi oraz sprzyjają rozwojowi stanu zapalnego, zwiększając ryzyko chorób sercowo-naczyniowych oraz metabolicznych.

- **tłuszcze wielonienasycone** – najważniejsza pod względem zdrowotnym grupa związków tłuszczowych. Są to kwasy tłuszczowe omega-3 oraz omega-6 (NNTK, niezbędne nienasycone kwasy tłuszczowe), które muszą być dostarczone wraz z pożywieniem. Tłuszcze wielonienasycone wspomagają układ odpornościowy, zapewniają prawidłową pracę układu sercowo-naczyniowego oraz układu nerwowego, utrzymują odpowiednie nawilżenie skóry, poprawiają parametry lipidowe, wyrównują poziom glukozy i zabezpieczają nas przed rozwojem wielu chorób. Kwasy tłuszczowe z rodziny omega-6, jeśli występują w nadmiarze, mają charakter prozapalny, natomiast kwasy tłuszczowe z rodziny omega-3 są związane z działaniem przeciwzapalnym i zabezpieczają nas przed nadmiernym rozwojem zapalenia, jak i nowotworzeniem. Proponowana proporcja dostarczenia kwasów omega w diecie wynosi 4:1, przy czym więcej powinniśmy dostarczać kwasów omega-6. Kwasy tłuszczowe omega-6 występują w oleju sojowym, słonecznikowym, kukurydzianym pestkach dyni, słonecznika, sezamu, w orzechach ziemnych i strączkach. Bogatym naturalnym źródłem kwasów z rodziny omega-3 są tłuste ryby morskie, np. tuńczyk, łosoś, makrela i śledź.

- **węglowodany** (cukry) – makroskładnik zbudowany z następujących pierwiastków: węgiel, wodór i tlen, przy czym stosunek tlenu do wodoru wynosi 1:2. Węglowodany stanowią zaledwie około 1% składu chemicznego organizmu dorosłego człowieka, jednak podaż tego makroskładnika jest niezbędna do prawidłowego funkcjonowania organizmu. Codzienne spożycie węglowodanów jest konieczne, ponieważ stanowią one główne źródło energii. W zależności od stosowanej diety pokrywają dzienne zapotrzebowanie energetyczne od 40 do 80%. Zbyt mała ilość węglowodanów (mniej niż 50 g dziennie) powoduje nieprawidłowości w spalaniu kwasów tłuszczowych.

- **węglowodany proste** (monosacharydy) – zawierają od 3 do 10 atomów węgla w jednej cząsteczce. Zaliczane są do nich: glukoza, fruktoza (cukier owocowy), galaktoza, mannoza czy ryboza. Glukoza jest najbardziej powszechnym cukrem prostym. Tworzy ona bardziej złożone cukry, będąc elementem laktozy, maltozy, sacharozy, celulozy, glikogenu, dekstranu czy skrobi.

- **węglowodany złożone** (wielocukry) – związki organiczne zbudowane co najmniej z dwóch monosacharydów (cukrów prostych). Dzielą się na związki przyswajalne i nieprzyswajalne (patrz: **błonnik**).
  Węglowodany złożone dzielimy na oligosacharydy i polisacharydy.
  Oligosacharydy to cukry złożone, których właściwości podobne są do monosacharydów. W większości przypadków mają smak słodki i są rozpuszczalne w wodzie. Najpopularniejszym oligosacharydem jest sacharoza.

Polisacharydy to cukry złożone z cukrów prostych połączonych wiązaniami glikozydowymi. Należą do nich m.in. skrobia, glikogen, kwas hialuronowy, chityna.
Produkty bogate w węglowodany złożone to przede wszystkim mąki, chleby, makarony pełnoziarniste, kasze, ryż brązowy, ziemniaki, płatki owsiane oraz nasiona roślin strączkowych.

- **witamina D** – jej prawidłowe stężenie w organizmie jest ważne dla zdrowia, zwłaszcza dla stanu kości, uzębienia oraz układu krążenia. Głównym źródłem witaminy D jest synteza podskórna, która powinna pokrywać 90% zapotrzebowania ludzkiego organizmu na tę witaminę, resztę zaś (10%) powinno się dostarczać z pokarmem. Do syntezy podskórnej niezbędna jest ekspozycja na światło słoneczne (ok. 20 minut dziennie). W okresie jesienno-zimowym, kiedy cierpimy na niedobory słońca, witaminę tę należy suplementować. Witamina D rozpuszcza się w tłuszczach, spożywając więc produkty w nią bogate, należy pamiętać, by potrawa zawierała również tłuszcz, zaś przyjmując suplementy – wybierać preparaty w kapsułkach, które dodatkowo zawierają olej, co ułatwi wchłanianie witaminy.

Liczenie kalorii
i układanie treningów
Cię zniechęca?
Zrobię to za Ciebie!
Dopasuję Ci skuteczną
dietę i profesjonalny
plan treningowy.
DIET & TRAINING
BY ANN
ŚCIĄGNIJ APLIKACJĘ NA TELEFON
WWW.HPBA.PL/APP
Available on the iPhone
App Store
ANDROID APP ON
Google play
INTELIGENTNA
LISTA ZAKUPÓW
DIETA CLASSIC,
SPORT ORAZ VEGE
JEDZ TO, CO LUBISZ
PONAD 400 DNI
TRENINGÓW

Burda Media Polska Sp. z o.o.
02-674 Warszawa, ul. Marynarska 15

DZIAŁ HANDLOWY:
tel. (48) 22 360 38 38
fax (48) 22 360 38 49

SPRZEDAŻ WYSYŁKOWA:
Dział Obsługi Klienta, tel. (48) 22 360 37 77

REDAKCJA I KOREKTY: Redaktornia.com
PROJEKT GRAFICZNY I SKŁAD: Maciej Szymanowicz
ZDJĘCIE NA I STRONIE OKŁADKI: Marta Wojtal
WSPÓŁPRACA: Aleksandra Dec
REDAKTOR PROWADZĄCA: Agnieszka Radzikowska
REDAKTOR TECHNICZNY: Mariusz Teler
ZDJĘCIA: Marta Wojtal, archiwum prywatne autorki, zdjęcia ćwiczeń z aplikacji Diet & Training by Ann

DRUK: Perfekt, Warszawa
ISBN: 978-83-8053-456-8

Treść książki ma charakter informacyjny i nie może zastąpić porady i opieki lekarskiej. Dieta i treningi są przeznaczone dla osób zdrowych. Dzieci, kobiety w ciąży i osoby z problemami zdrowotnymi powinny skonsultować się z lekarzem.

www.burdaksiazki.pl